总主编 伍 江　副总主编 雷星晖

沈 昕　韩传峰　著

我国电子制造服务（EMS）产业发展系统研究

Study on China Electrical Manufacturing Services (EMS) Industrial Development

内容提要

本书采用多维度视角，从EMS产业的起源、兴起背景、地位和功能开始研究，借鉴跨国EMS的先进管理模式，对我国EMS产业发展的生态系统、动力系统、评价体系、协同模式和发展模式创新展开系统研究，为我国电子产业及其相关领域的研究提供了理论借鉴。

本书适合EMS及其相关产业人士参考阅读。

图书在版编目（CIP）数据

我国电子制造服务（EMS）产业发展系统研究 / 沈昕，韩传峰著. —上海：同济大学出版社，2017.8
（同济博士论丛 / 伍江总主编）
ISBN 978-7-5608-6855-4

Ⅰ.①我… Ⅱ.①沈… ②韩… Ⅲ.①电子工业-服务经济-产业发展-研究-中国 Ⅳ.①F426.6

中国版本图书馆CIP数据核字(2017)第070323号

我国电子制造服务（EMS）产业发展系统研究
沈昕 韩传峰 著
出品人 华春荣　责任编辑 戴如月　熊磊丽
责任校对 徐春莲　封面设计 陈益平

出版发行	同济大学出版社　www.tongjipress.com.cn
	（地址：上海市四平路1239号　邮编：200092　电话：021-65985622）
经　　销	全国各地新华书店
排版制作	南京展望文化发展有限公司
印　　刷	浙江广育爱多印务有限公司
开　　本	787 mm×1092 mm　1/16
印　　张	15.5
字　　数	310 000
版　　次	2017年8月第1版　2017年8月第1次印刷
书　　号	ISBN 978-7-5608-6855-4
定　　价	73.00元

本书若有印装质量问题，请向本社发行部调换　　版权所有　侵权必究

"同济博士论丛"编写领导小组

组　　长：杨贤金　钟志华

副 组 长：伍　江　江　波

成　　员：方守恩　蔡达峰　马锦明　姜富明　吴志强
　　　　　徐建平　吕培明　顾祥林　雷星晖

办公室成员：李　兰　华春荣　段存广　姚建中

"同济博士论丛"编辑委员会

总 主 编： 伍 江

副总主编： 雷星晖

编委会委员：（按姓氏笔画顺序排列）

丁晓强	万　钢	马卫民	马在田	马秋武	马建新
王　磊	王占山	王华忠	王国建	王洪伟	王雪峰
尤建新	甘礼华	左曙光	石来德	卢永毅	田　阳
白云霞	冯　俊	吕西林	朱合华	朱经浩	任　杰
任　浩	刘　春	刘玉擎	刘滨谊	闫　冰	关佶红
江景波	孙立军	孙继涛	严国泰	严海东	苏　强
李　杰	李　斌	李风亭	李光耀	李宏强	李国正
李国强	李前裕	李振宇	李爱平	李理光	李新贵
李德华	杨　敏	杨东援	杨守业	杨晓光	肖汝诚
吴广明	吴长福	吴庆生	吴志强	吴承照	何品晶
何敏娟	何清华	汪世龙	汪光焘	沈明荣	宋小冬
张　旭	张亚雷	张庆贺	陈　鸿	陈小鸿	陈义汉
陈飞翔	陈以一	陈世鸣	陈艾荣	陈伟忠	陈志华
邵嘉裕	苗夺谦	林建平	周　苏	周　琪	郑军华
郑时龄	赵　民	赵由才	荆志成	钟再敏	施　骞
施卫星	施建刚	施惠生	祝　建	姚　熹	姚连璧

袁万城　莫天伟　夏四清　顾　明　顾祥林　钱梦騄
徐　政　徐　鉴　徐立鸿　徐亚伟　凌建明　高乃云
郭忠印　唐子来　阎耀保　黄一如　黄宏伟　黄茂松
戚正武　彭正龙　葛耀君　董德存　蒋昌俊　韩传峰
童小华　曾国荪　楼梦麟　路秉杰　蔡永洁　蔡克峰
薛　雷　霍佳震

秘书组成员： 谢永生　赵泽毓　熊磊丽　胡晗欣　卢元姗　蒋卓文

总 序

在同济大学110周年华诞之际,喜闻"同济博士论丛"将正式出版发行,倍感欣慰。记得在100周年校庆时,我曾以《百年同济,大学对社会的承诺》为题作了演讲,如今看到付梓的"同济博士论丛",我想这就是大学对社会承诺的一种体现。这110部学术著作不仅包含了同济大学近10年100多位优秀博士研究生的学术科研成果,也展现了同济大学围绕国家战略开展学科建设、发展自我特色,向建设世界一流大学的目标迈出的坚实步伐。

坐落于东海之滨的同济大学,历经110年历史风云,承古续今、汇聚东西,秉持"与祖国同行、以科教济世"的理念,发扬自强不息、追求卓越的精神,在复兴中华的征程中同舟共济、砥砺前行,谱写了一幅幅辉煌壮美的篇章。创校至今,同济大学培养了数十万工作在祖国各条战线上的人才,包括人们常提到的贝时璋、李国豪、裘法祖、吴孟超等一批著名教授。正是这些专家学者培养了一代又一代的博士研究生,薪火相传,将同济大学的科学研究和学科建设一步步推向高峰。

大学有其社会责任,她的社会责任就是融入国家的创新体系之中,成为国家创新战略的实践者。党的十八大以来,以习近平同志为核心的党中央高度重视科技创新,对实施创新驱动发展战略作出一系列重大决策部署。党的十八届五中全会把创新发展作为五大发展理念之首,强调创新是引领发展的第一动力,要求充分发挥科技创新在全面创新中的引领作用。要把创新驱动发展作为国家的优先战略,以科技创新为核心带动全面创新,以体制机制改革激发创新活力,以高效率的创新体系支撑高水平的创新型国家建设。作为人才培养和科技创新的重要平台,大学是国家创新体系的重要组成部分。同济大学理当围绕国家战略目标的实现,作出更大的贡献。

大学的根本任务是培养人才,同济大学走出了一条特色鲜明的道路。无论是本科教育、研究生教育,还是这些年摸索总结出的导师制、人才培养特区,"卓越人才培养"的做法取得了很好的成绩。聚焦创新驱动转型发展战略,同济大学推进科研管理体系改革和重大科研基地平台建设。以贯穿人才培养全过程的一流创新创业教育助力创新驱动发展战略,实现创新创业教育的全覆盖,培养具有一流创新力、组织力和行动力的卓越人才。"同济博士论丛"的出版不仅是对同济大学人才培养成果的集中展示,更将进一步推动同济大学围绕国家战略开展学科建设、发展自我特色、明确大学定位、培养创新人才。

面对新形势、新任务、新挑战,我们必须增强忧患意识,扎根中国大地,朝着建设世界一流大学的目标,深化改革,勠力前行!

万　钢

2017 年 5 月

论丛前言

　　承古续今，汇聚东西，百年同济秉持"与祖国同行、以科教济世"的理念，注重人才培养、科学研究、社会服务、文化传承创新和国际合作交流，自强不息，追求卓越。特别是近20年来，同济大学坚持把论文写在祖国的大地上，各学科都培养了一大批博士优秀人才，发表了数以千计的学术研究论文。这些论文不但反映了同济大学培养人才能力和学术研究的水平，而且也促进了学科的发展和国家的建设。多年来，我一直希望能有机会将我们同济大学的优秀博士论文集中整理，分类出版，让更多的读者获得分享。值此同济大学110周年校庆之际，在学校的支持下，"同济博士论丛"得以顺利出版。

　　"同济博士论丛"的出版组织工作启动于2016年9月，计划在同济大学110周年校庆之际出版110部同济大学的优秀博士论文。我们在数千篇博士论文中，聚焦于2005—2016年十多年间的优秀博士学位论文430余篇，经各院系征询，导师和博士积极响应并同意，遴选出近170篇，涵盖了同济的大部分学科：土木工程、城乡规划学(含建筑、风景园林)、海洋科学、交通运输工程、车辆工程、环境科学与工程、数学、材料工程、测绘科学与工程、机械工程、计算机科学与技术、医学、工程管理、哲学等。作为"同济博士论丛"出版工程的开端，在校庆之际首批集中出版110余部，其余也将陆续出版。

　　博士学位论文是反映博士研究生培养质量的重要方面。同济大学一直将立德树人作为根本任务，把培养高素质人才摆在首位，认真探索全面提高博士研究生质量的有效途径和机制。因此，"同济博士论丛"的出版集中展示同济大学博士研究生培养与科研成果，体现对同济大学学术文化的传承。

"同济博士论丛"作为重要的科研文献资源，系统、全面、具体地反映了同济大学各学科专业前沿领域的科研成果和发展状况。它的出版是扩大传播同济科研成果和学术影响力的重要途径。博士论文的研究对象中不少是"国家自然科学基金"等科研基金资助的项目，具有明确的创新性和学术性，具有极高的学术价值，对我国的经济、文化、社会发展具有一定的理论和实践指导意义。

"同济博士论丛"的出版，将会调动同济广大科研人员的积极性，促进多学科学术交流、加速人才的发掘和人才的成长，有助于提高同济在国内外的竞争力，为实现同济大学扎根中国大地，建设世界一流大学的目标愿景做好基础性工作。

虽然同济已经发展成为一所特色鲜明、具有国际影响力的综合性、研究型大学，但与世界一流大学之间仍然存在着一定差距。"同济博士论丛"所反映的学术水平需要不断提高，同时在很短的时间内编辑出版110余部著作，必然存在一些不足之处，恳请广大学者，特别是有关专家提出批评，为提高同济人才培养质量和同济的学科建设提供宝贵意见。

最后感谢研究生院、出版社以及各院系的协作与支持。希望"同济博士论丛"能持续出版，并借助新媒体以电子书、知识库等多种方式呈现，以期成为展现同济学术成果、服务社会的一个可持续的出版品牌。为继续扎根中国大地，培育卓越英才，建设世界一流大学服务。

伍 江

2017年5月

前 言

加入世界贸易组织后,我国经济与世界经济融合,迅速成为吸引国际FDI最为成功的发展中国家之一。截至2006年,中国的经济总量已经超越英国成为世界第四大经济体[1]。更有数据表明,2007年中国经济也已超越德国成为世界第三大经济体[2]。伴随着中国经济规模的迅速提升,我国也发展成为总量上仅次于美、日的世界第三大制造国。中国制造产品迅速占领全球市场,但位居全球价值链的末端。以低成本、资源密集为优势的中国制造产业向全球价值链高附加值部分转型刻不容缓。

产业升级是一项庞大的系统工程,需要对我国制造业涉及的方方面面进行深入剖析和系统研究后找出解决问题的思路。以电子产业中产值最高的EMS(Electrical Manufacturing Services)产业为研究对象,研究突破现有优势,创新、持续发展的系统思路对我国改写国际竞争格局至关重要。

EMS产业是构建一个国家信息高速公路、实现产业信息化的支柱产业,也是制造业中重要产业分支,具有技术含量高、渗透性强、覆盖面广、投入产出比值高、产业关联度高、带动作用强及经济效益好的特点,因此，各发达国家都曾先后制定了 EMS 产业的发展战略。总体上，与跨国 EMS 产业相比，我国 EMS 产业主要从事加工、组装等能耗大、污染重、效益差及附加值低的生产制造层次，因此，改变我国 EMS 产业的落后状态显得极为迫切。作者在跨国 EMS 产业工作多年，一直在思考如何解决我国 EMS 产业发展的落后问题。为此，本书对我国 EMS 产业的发展现状和模式进行了系统研究，并结合本人的实践经验对我国 EMS 产业可持续、系统化的发展体系作了一些与以往研究不同的探索，为我国 EMS 产业及电子产业提高市场竞争力，确定正确的发展战略提供理论借鉴和实践参考。

  本书从明确我国 EMS 产业现状开始，围绕如何缩短与跨国 EMS 产业的差距，使我国 EMS 产业从当前全球电子产业分工体系的第三层次攀升至第一层次的问题展开。采用多维度视角，从 EMS 产业的起源、兴起背景、地位和功能开始研究，借鉴跨国 EMS 的先进管理模式，对我国 EMS 产业发展的生态系统、动力系统、评价体系、协同模式和发展模式创新展开系统研究。① 引入生态系统理论，对 EMS 产业系统的环境进行深入探析；② 采用动力系统方法构建 EMS 产业的动力系统结构；③ 运用主成分分析法及专家评分法定量地构建我国 EMS 产业的竞争力评价体系，为我国 EMS 产业选择具有竞争力的主营业务，完善内部运营管理提供参考；④ 在跨国 EMS 产业现有协同模式的基础上归纳总结，构建基于价值链协同、供需协同的管理模式；⑤ 针对我国位于不同发展层次的 EMS 企业，提出基于三次创新发展模式的创新选择思路；⑥ 采用案例研究的方法，对所提出的系统思路进行论证；⑦ 结合我国 EMS 产业现状，为位于不同发展层次的产业集群和企业组织提供国际化发展策略及相应的政策建议，总结适合我国 EMS 产业发展的系统模式，为我国 EMS 产业在国际国内市场上形成有序的攀升格局提供坚实的理论支持和实践指导。

  本书也为我国电子产业其他相关领域的研究提供理论借鉴。在实践上,为提升我国 EMS 产业竞争力提供借鉴,为我国不同地区、不同层次的 EMS 产业提供发展思路和对策建议;在理论上,丰富国内在这一领域的研究,为我国早日从制造大国转变为制造强国提供具有可操作性的新思路和新方法。

目 录

总序

论丛前言

前言

第1章 导论 ··· 1
  1.1 引言 ··· 1
  1.2 国内外相关文献综述 ·· 3
    1.2.1 EMS 起源和发展 ··· 3
    1.2.2 EMS 产业发展阶段 ··· 8
    1.2.3 EMS 的地位和功能 ··· 11
  1.3 本书主要内容 ··· 13
    1.3.1 提出问题 ·· 13
    1.3.2 发展 EMS 产业的迫切性 ·································· 14
    1.3.3 研究内容 ·· 15
    1.3.4 研究方法和技术路线 ·· 15

第 2 章 相关理论研究及其进展 ························· 17
2.1 EMS 产业发展理论结构体系 ····················· 17
2.2 系统论 ··· 18
2.3 产业生态理论 ······································ 20
2.4 供应链理论 ··· 22
2.5 协同理论 ·· 26
2.6 企业竞争力理论 ··································· 28

第 3 章 国内外 EMS 产业发展现状分析 ············ 31
3.1 国外 EMS 发展现状分析 ·························· 31
3.1.1 欧美 EMS 的发展现状 ····················· 32
3.1.2 日本 EMS 发展现状 ························ 34
3.1.3 典型跨国 EMS ······························ 34
3.2 国内 EMS 发展现状分析 ·························· 38
3.2.1 跨国 EMS 产业分支机构 ·················· 39
3.2.2 我国台湾及香港地区 EMS 产业 ········· 39
3.2.3 我国大陆 EMS 产业 ························ 41
3.3 国内外 EMS 发展的 PEST 比较分析 ············ 42

第 4 章 我国 EMS 产业生态系统分析 ··············· 51
4.1 EMS 产业生态系统要素分析 ····················· 52
4.1.1 催化剂 ··· 52
4.1.2 养分 ·· 53
4.1.3 环境支持 ······································ 55
4.1.4 依存性 ··· 56

目录

4.2 我国 EMS 产业生态系统发展特性分析 ……………………… 59
    4.2.1 标准化 ……………………………………………………… 59
    4.2.2 不平衡性 …………………………………………………… 61
    4.2.3 多元化 ……………………………………………………… 63
4.3 我国 EMS 产业生态系统集群效应分析 ……………………… 64
4.4 完善我国 EMS 产业生态系统建议 …………………………… 67

第5章 我国 EMS 产业发展动力系统分析 …………………………… 70
5.1 EMS 产业发展的理论基础 …………………………………… 70
    5.1.1 外包理论 …………………………………………………… 71
    5.1.2 生命周期理论 ……………………………………………… 72
    5.1.3 激励理论 …………………………………………………… 74
5.2 我国 EMS 产业发展动力系统构建 …………………………… 76
    5.2.1 动力系统方法的优点 ……………………………………… 76
    5.2.2 动力系统结构及作用原理 ………………………………… 76
5.3 我国 EMS 产业发展动力分析 ………………………………… 78
    5.3.1 我国 EMS 产业发展的驱动力 …………………………… 78
    5.3.2 我国 EMS 产业发展的内部持续动力 …………………… 83
    5.3.3 我国 EMS 产业发展的外部持续动力 …………………… 88
    5.3.4 我国 EMS 产业发展的阻力 ……………………………… 92

第6章 我国 EMS 产业发展系统评价 ………………………………… 95
6.1 国内外 EMS 评价研究 ………………………………………… 95
    6.1.1 注重供应链竞争力提升的评价体系 ……………………… 97
    6.1.2 注重客户满意度提升的评价体系 ………………………… 99

6.2 我国EMS产业发展的竞争力评价 ………………………… 101
　　6.2.1 评价体系设计思路 …………………………………… 102
　　6.2.2 基于主成分分析法的产业发展竞争力评价 ………… 103
　　6.2.3 基于专家评分法的企业发展竞争力评价 …………… 118

第7章 我国EMS产业发展协同模式构建及标准化运作 ………… 122
7.1 嵌入全球价值链的产业内价值链协同模式 …………………… 124
　　7.1.1 价值链架构 …………………………………………… 125
　　7.1.2 我国EMS产业发展的价值链协同模型 ……………… 128
　　7.1.3 模型应用 ……………………………………………… 130
7.2 嵌入全球价值链的企业间供需协同模式 ……………………… 140
　　7.2.1 供需协同模型构建 …………………………………… 141
　　7.2.2 模型应用 ……………………………………………… 145
7.3 标准化运作 ……………………………………………………… 149
　　7.3.1 产业技术标准化 ……………………………………… 150
　　7.3.2 组织结构标准化 ……………………………………… 151
　　7.3.3 管理流程标准化 ……………………………………… 152
　　7.3.4 标准化运作效应分析 ………………………………… 153

第8章 我国EMS产业发展模式创新 ……………………………… 156
8.1 EMS产业层次结构及经济特征 ………………………………… 156
　　8.1.1 全球EMS产业体系的三层次结构 …………………… 156
　　8.1.2 跨国EMS产业的分布和经济特征 …………………… 158
　　8.1.3 我国EMS产业的分布和经济特征 …………………… 162
8.2 我国EMS产业发展模式创新思路 ……………………………… 168

8.3	一次创新：技术创新	171
8.4	二次创新：研发创新	173
8.5	三次创新：品牌创新	175

第9章 跨国 EMS 企业——旭电实证研究 178

- 9.1 旭电发展历程 178
- 9.2 旭电发展模式 180
  - 9.2.1 硅谷产学研一体化发展环境 180
  - 9.2.2 多层次创新驱动的动力系统 181
  - 9.2.3 增强竞争力的评价指标体系 182
  - 9.2.4 嵌入价值链的协同运作模式 183
  - 9.2.5 梯次创新体系实现跨国扩张 184
- 9.3 实证研究对我国 EMS 产业发展的启示 186
  - 9.3.1 我国 EMS 产业发展趋势 186
  - 9.3.2 我国 EMS 产业梯次发展国际化策略 187
  - 9.3.3 我国 EMS 产业发展的政策建议 193

结语 198

参考文献 203

后记 225

第 1 章
导　论

1.1　引　言

在经济全球化背景下,国际产业结构的调整更多地表现为产业内分工的调整。跨国公司对其主导的产品,在价值链内进行重新分工和调整,将产品的研发、设计和品牌经营以及高端生产掌握在自己手上;采取FDI或者国际外包的方式,把自身缺乏比较优势且处于产业的相对低端的生产制造环节逐步转移到其他国家特别是发展中国家[3]。我国成为制造大国,但并未成为制造强国,国际外包向我国转移技术含量和附加值不高的生产制造环节,使我国在全球产业分工体系中居于以低端组装为主的大规模制造。如何使我国从制造大国走向制造强国,走什么样的工业发展道路,是亟待研究的重要课题。

电子制造服务(Electrical Manufacturing Services,EMS)产业是构建一个国家信息高速公路、实现产业信息化的支柱产业,也是制造业中的核心产业。发达国家都先后制定了EMS产业的发展战略。EMS产业作为电子制造业中发展最快、效益最好的一个核心产业,其技术含量高、渗透性强、覆盖面广、投入产出比值高、经济效益好、产业关联度高、带动作用强,贯穿于整个经济命脉并在国民经济建设中发挥着巨大的作用[4]。与跨国 EMS 产业相比,我国 EMS 产业目前处于全球电子产业价值链的末端,主要从事加工、组装等能耗大、污染重、效益差及低附加值的生产制造,迫切需要改变这种落后状态;此外,我国 EMS 产业发展的研究文献有限,研究不足,不能满足指导我国 EMS 产业发展的需要。笔者在跨国 EMS 产业工作多年,一直在思考如何解决我国 EMS 产业发展的落后问题。为此,本书对我国 EMS 产业发展进行系统研究,探索我国 EMS 产业可持续、系统化发展体系,为我国 EMS 产业改变现状,实现产业升级提供理论参考,对我国电子产业、制造业、现代服务业及其它关联产业的发展都有着理论意义和实践价值。

(1) 构建的评价体系在理论上填补文献研究的不足,为规范我国 EMS 产业发展提供评价依据,促进我国 EMS 产业发展战略思想的延伸和重构,丰富我国 EMS 产业发展理论。

(2) 构建的协同模式为 EMS 产业链的整合及发展提供有效思路,引导 EMS 产业价值链和谐关系的建立,促进资源优化与共享,创建有利于我国 EMS 产业发展的价值链环境。

(3) 从企业层面提出的发展模式创新对我国位于不同发展层次的 EMS 企业实现平衡、协调发展至关重要。发展模式创新和扬长避短的发展思路有利于我国 EMS 产业形成和谐互惠、平衡发展的格局。

(4) 构建基于三次创新的梯次国际化发展策略,为我国处于不同发展层次的 EMS 企业提供发展的理论指南,丰富产业界对新兴 EMS 产业的研究理论,指导 EMS 企业内部实现协同运营,对中国电子产业及相关产业发展的系统研究起到借鉴的作用。

1.2 国内外相关文献综述

1.2.1 EMS 起源和发展

国内外诸多学者认为,专业化管理与创新思维是企业成功的两大基本要素。外包正是专业化管理的最新方向,是企业发展的核心策略和近年来跨国企业有关改制研究中最有成效的理论之一。外包可以使企业重新进行市场定位,专注于企业核心能力的培养,降低运作成本;通过技术创新,缩短产品开发和生产周期,提高经营效率,增强企业对市场的应变能力等。外包给企业带来速度(Speed)、灵活性(Flexibility)和领先能力(Leading Edge Capacities)等优势。EMS 产业是电子产业中顺应市场需求崛起的专业化提供电子制造服务的外包产业。

为行文方便,将与 EMS 产业相关的产业名词汇总于表 1-1 中。书中提及我国 EMS 产业,特指大陆 EMS 产业。

表 1-1 EMS 相关名词缩写与全称对照表

英文缩写	英文名词全称	中文名词全称
CM	Contract Manufacturer	合同外包
EMS	Electrical Manufacturing Service	电子制造服务
OEM	Original Equipment Manufacturer	原始设备制造
ODM	Original Design Manufacturer	原始设计制造
OBM	Original Brand Manufacturer	原始品牌制造

EMS 企业最早起源于 20 世纪 60 年代的电子产业业务外包(Outsourcing),也称"合同外包"(CM),是 1990 年 Gary Harmel 和 C. K Prahalad 首先提出的[5]。当时的原始设备制造商(OEM)因生产能力不

足或专门技术问题,将原来由自己承担的生产制造交给有剩余生产能力或具有专门制造技术的企业来完成,这就是早期的 EMS,也被称为"外协加工""委托加工"或合同制造[6]。到了 20 世纪 80 年代中后期,随着个人计算机的出现和电子元器件表面贴装技术的发展,诞生了专注于提供专业电子制造服务的企业,许多 OEM 企业都把设计和营销作为竞争核心,而把难以处理的制造部分外包。EMS 产业从最初的合同外包,发展成为包括设计、开发、制造、物流以及提供整体供应链综合解决方案的专业电子制造服务产业,显现出新兴产业的魅力。EMS 应运而生,成为电子产业国际分工体系中的重要一环,并对电子产业的发展产生了越来越广泛和深刻的影响。

外包策略的运用,使诸多 OEM 企业取得市场成功。索尼爱立信公司和全球著名 EMS 企业伟创力(Flextronics)实施的战略合作中,索尼爱立信公司将其绝大部分的手机制造业务外包给伟创力,自己则专注于市场、研发和营销,短短几年获得巨大成功。诺基亚公司采用相同策略,由伟创力为其提供 EMS 并取得巨大的市场成功。

EMS 创造了国际电子产业的奇迹,跨国 EMS 巨头每年以 25% 以上的速率增长,至今仍保持着上涨势头。EMS 产业的形成促进了全球电子产业链的结构性变革,使制造更加灵活,OEM 企业具有直接获得全球资源的能力。由于部分环节外包,OEM 企业有更多精力专注新产品的开发,更加及时地满足世界各地用户的需求。

随着经济全球化的发展,全球电子产业的跨国 OEM 产业正在进行全球性整合,将具备供求关系的上下游产业分布在全球不同的地方,互相利用优势,实现战略资源的真正共享和资源利用最大化[7]。中国具有的低成本和大市场优势,及电子元器件供应、技术和管理人才、自然资源等优势吸引跨国 EMS 向中国转移生产制造基地。

根据 iSuppli 2006 年 6 月提供的调查数据(图 1-1),EMS 的营业收

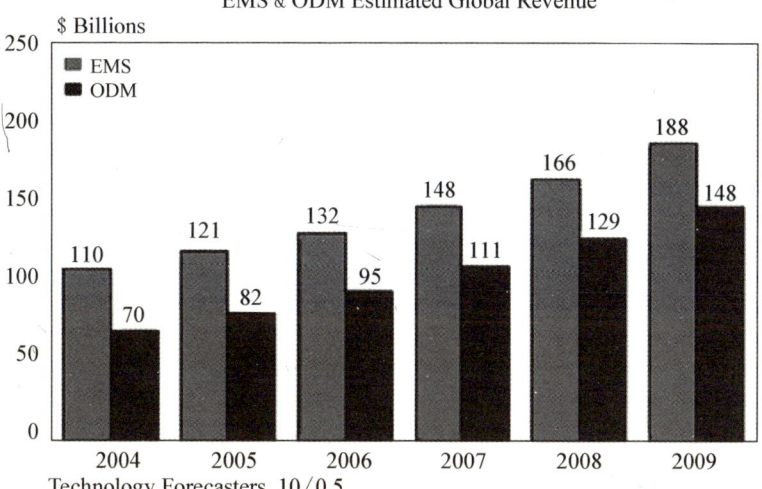

图 1-1　EMS & ODM 全球营业收入

数据来源：iSuppli 2006 年 6 月；Custer 咨询公司，2006 年 6 月

入将继续呈上涨势头，与同期原始设计制造商（ODM）的营业收入相比，EMS每年市场营业收入预计将持续高出ODM营业收入近400亿美元，其中亚洲市场的营业收入增长最为显著。

2005年全球前六大EMS公司全年的营业收入近748亿美元，其中51.5%来自亚洲市场（图1-2）。分析家称中国目前的电子产业规模为世界第三，预计到2008年中国的电子产业总值年增长率将保持在20%以上，北京奥运会前电子产业可望实现生产总值翻番。我国电子产业中，EMS占据着全球电子百强中的显著位置[8]。

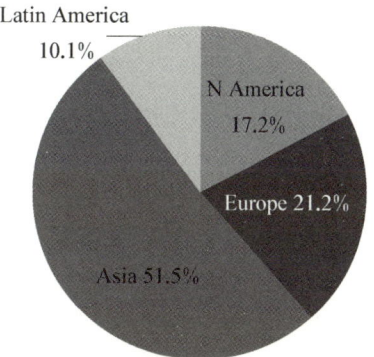

图 1-2　EMS 全球营业收入分布图

数据来源：iSuppli 2006 年 6 月；Custer 咨询公司，2006 年 6 月

最初 EMS 产业的供应商关系被归纳为命令式、竞争式和合作式[10]三种策略(Campbell,1985)。研究合作式的供需关系已成为学术界的热点。合作式的业务外包概念由 Gary Harmel(1990)和 C. K Prahalad(1990)首先提出[5],将业务外包定义为组织利用外部资源来完成传统上由内部人员和内部资源完成的业务的一种战略安排。与简单分包不同,组织将一些次要的、非核心的功能转移给更有效的专业服务提供者,以核心竞争能力为中心,重新构建企业的内部结构和外部关系。

此后对业务外包的研究将这种合作关系延伸至供应与制造中,得出产品制造商对产品供应商的信任程度与产品供应商的规模、服务能力、信息共享程度及双方合作的时间成正比的结论,正式地将产品供应商与制造商的合作关系引入理论研究阶段[11](Patrica M. Dong,Joseph P. Cannon,1997)。Feenstra(1998)将外包产品延伸定义为美国企业进口的用于生产最终产品以及在其品牌下出售的产品[12]。

J. B. Quinn,F. G. Hilmer(1994)发表的《战略外包》是外包理论的开篇之作,发展了 Hamel 和 Prahalad 的核心能力理论,对战略外包从理论到实践作出详细阐述和定义,分析了企业实施业务外包能获得的战略权益及潜在风险[13]。

国内诸多学者认为专业化管理与创新思维是企业成功的两大基本要素,电子外包正是电子产业专业化管理的创新,是电子产业成功发展的核心动力。国内学者基本沿袭国外研究思路,在借鉴国外企业外包策略的基础上,拓展了对我国电子产业内外包现象的研究。孙明贵(2002)较早定义了业务外包,将其理解成利用企业外部资源,将某种业务从计划到执行的全过程委托给更具成本优势和专有知识的外部协作单位[14]。郑吉昌从专业化分工的角度阐述外包理论,认为外包是指企业从专业化角度出发,将原属于企业内部的职能部门转移为独立经营单位的行为。全球分工深化、专业化程度提高,使现代企业呈现出日益增强的外包趋势[15]。现代企业采用外包策略,致力于具有核心竞争力的业务,将非核心业务交由外部优秀企业按照合同要求完成。外包企业通过整合利用外部优秀专业化资源,可以降低成本、分散风险、弥补自身能力不足、培育和提升企业核心竞争力、增强对外界环境的应变能力[16](郭永辉,钱省三,2005)。

20世纪70年代,电子产品进入飞速发展时期,最初的电子外包企业发展成为EMS专业厂商。OEM企业由于市场压力选择将其非核心部分剥离,EMS作为专门行业逐渐从电子产业中分离,大型整机制造厂商开始大量采用外包策略将大部分产品制造委托EMS厂商完成,称为OEM+CM合作方式。EMS被正式定义为提供各种电子设备制造服务的新兴产业。

著名EMS企业富士康(Foxconn)是台湾鸿海集团在中国大陆投资兴办的高新科技企业,该集团总裁郭台铭先生(2001)曾经说过:"所谓'EMS',就是'制造服务'。"资产产业分析师周士雄认为"M"就是指工厂的制造效率、物料管理、成本掌握和快速交件能力等;"S"(服务)则指从"共同设计"到"全球交货"的整体服务能力。跨国EMS企业Flextronics认为,EMS是指合同承包制造商提供的所有外包制造服务的总称,这种外包模式是一个复杂流程,其服务必须覆盖包括产品设计、体系建设和物流管理等阶段在内的整个产品周期。由于这种制造外包模式具有统包的特点,使EMS企业可对项目实施从构思设计、产业化、制造到交付的全程制造管理及服务[17]。

EMS的迅速发展,引起了学术界的热点研究。少数学者认为狭义的EMS指电子制造工程的外包,广义的EMS则提供了包括从设计、开发、制造、物流管理到售后服务的整个生产供应链的解决方案[18](钟秀,2000)。大多数学者认为EMS是为电子行业所特有,是从foundry(芯片代工)演变出来的新行业,狭义的定义是仅提供制造服务的外包,广义的定义则包括研究、生产、组装、物流、销售和维修等在内的整个供应链实施方案[19,20](杨依依,2004;邵虞,2004)。EMS 于 80 年代后半期在美国形成雏形,90 年代起大量兼并各大 OEM/ODM 企业的工厂等特点[20],演变至今,其业务已包括设计、采购、制造、物流和维修等流程。

90 年代后期,EMS 形成了产业集群,与 OEM 产业形成合作伙伴式战略联盟,在原先增值服务基础上,开始参与 OEM 产业的研发、技术设计并为 OEM 产业的终端客户提供售后服务等,发展成为具有协同效应的 EMS 产业。协同的 EMS 在广义上为国际原始设备制造商(OEM)提供全过程制造服务及一揽子解决方案,使 OEM 产业专注于提高其核心竞争力[22](周竹梅,2005),成为其发展的重要战略合作伙伴[21]①。EMS[6]使 OEM 产业降低营运成本,缩短产品上市时间,提高对终端客户需求的反应速度、灵活性及领先能力。全球经济一体化的趋势所引发的世界性产业大转移,使全球电子产业具有垂直化整合和水平分工双重趋势的同时,也给 EMS 产业带来了巨大的发展空间。

1.2.2 EMS 产业发展阶段

从业务外包战略决策框架的角度看 EMS 的发展阶段,其模式发展大致分成三阶段(表 1-2)[23](申光龙,2001)。

表 1-2 EMS 的演变过程[24]

阶 段	时 期	内 容
第一阶段	20 世纪 60 年代至 70 年代早期	承包美国太空总署(NASA)项目的航天科技公司,开始外包部分 board-level assembly。全球最大的 EMS 供货商 Samina - SCI 也就是最早提供 PCB 组装 EMS 的先驱者。因此引发了第一阶段的 EMS 热潮

---

① 沈昕,以客户为中心的管理创新——新兴电子制造服务行业中的客户服务项目组,现代管理科学,2006 年第 2 期,第 45～47 页。

续表

阶　段	时　期	内　　容
第二阶段	20世纪70年代中期	因为菲律宾劳工成本低,半导体产业为降低生产成本,将IC封装委托菲律宾工厂业务外包。第二阶段EMS诞生
第三阶段	20世纪80年代末期至90年代初期	半导体产业的全盛时期,通常只有资金充裕的OEM、ODM大厂才盖得起耗费巨资的半导体晶片制造基地,当公司研发出新产品时,必须寻求减少成本的方法,半导体晶片的EMS产业业务外包应运而生

资料来源：Walker. Jim, outsourcing：The Good Life, High-Density Interconnect Magazine, Jul. 2000

EMS产业,按其在电子产业链上的功能分类,从早期的合约制造发展成今天的具有全球价值链协同能力的EMS产业,可大致分成三阶段（图1-3）。

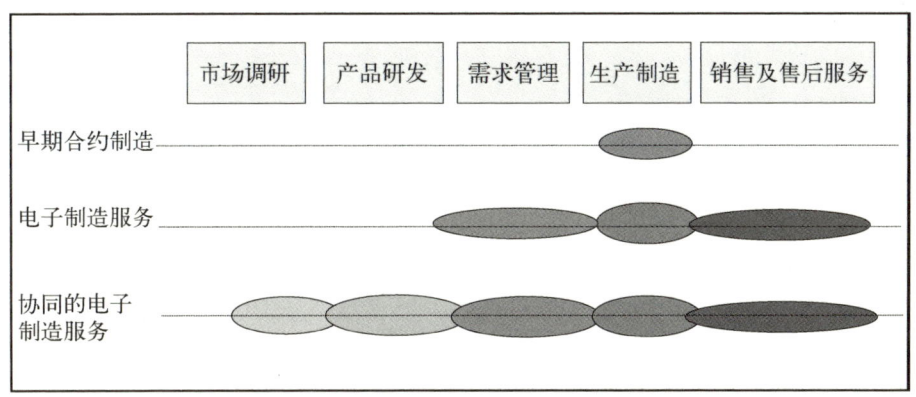

图1-3　EMS产业的发展阶段及其在产业链上的位置

(1) 早期合约制造阶段

20世纪60年代到80年代,早期的合约制造商从OEM企业的生产制造中分离,为OEM企业集中提供专业化的生产制造服务。由于集中各家OEM企业的先进制造技术和生产工艺,合约制造商不仅从集成后的生产制造中获得规模经济,也精进了自身的生产制造能力,为企业内部的技术创新创造契机。

（2）电子制造服务阶段

20世纪80年代后到90年代,开始涉足OEM企业的需求及供应管理,为OEM企业提供简单的售后服务和分销服务。与早期合约制造阶段相比,EMS厂商开始为OEM企业提供制造中及制造后的部分生产制造服务,成为专业的EMS厂商。

（3）协同电子制造服务阶段

90年代后,出现了专业的具有协同效应的EMS厂商,为OEM企业提供定制化的EMS服务的同时,建立了全球运作平台,使资源在全球范围内得以共享,并开始参与客户产品的市场调研、需求、供应链管理及产品研发。

当时的跨国EMS企业,通过在世界各地建立生产制造中心,与全球各大OEM企业建立战略合作伙伴关系,为OEM企业提供专业的EMS服务,使OEM企业可以专注于其自身的核心业务。采用EMS企业最新生产制造技术和全球协作资源,OEM企业在短期内提升产品制造能力,增强市场反应能力,提高资产回报率和企业综合竞争力[14],运用EMS全球资源运筹能力迅速达到国际化发展目的。EMS与OEM的协同运作,使EMS与其客户的发展形成战略双赢。发展到协同阶段的EMS主要包含三方面:① 制造前服务,包括参与OEM企业的市场调研、产品研发及前期的供应链设计;② 制造中服务,包括对OEM企业的需求及供应管理、生产制造管理;③ 制造后服务,包括定制化的分销服务、产品配送及回收服务、全球售后服务、维修及再设计与再制造的产品改良等,重视对终端市场的辐射及反馈效应管理。

除强调全过程制造服务模式外,发展到协同阶段的EMS解决方案将环境保护、安全工作等社会责任纳入其服务范畴,以上循环步骤构成一个闭环体系,使之具有可持续发展的特点(图1-4)。

1.2.3 EMS的地位和功能

欧美国家把EMS产业发展作为振兴经济的重要战略措施。EMS产业拥有先进技术,产业关联度高,对电子产业各行业的经济发展都有辐射作用,贯穿于整个经济命脉,在全球电子产业发展中发挥了巨大的

图1-4 协同EMS构成的循环体系

作用。研究EMS产业与我国其它同类电子产业对国民经济的贡献GVP比例,集成电路为2 000、计算机为1 000、家用电器为30、汽车电子为5,电子技术的贡献为65%以上[25](苏伟,2005),而大多数电子技术是由专业EMS产业代工的。

众多学者从多个研究角度证实了EMS产业为电子产业带来的革新效应。EMS策略对OEM产业具有控制和降低营运成本、改善企业的业务聚焦、直接获得世界水平的能力资源、使释放的内部资源可用于其他目的、获得企业内部缺乏的资源、加快企业改造的速度、摆脱企业难以管理的庞大业务、保持资本金的流动性、实现风险共担、实现企业外资注入生产制造过程和借由外力提升企业生产制造能力等十大基本作用[6](顾丕谟,2001)。EMS策略使OEM企业节省投资,利用企业外部资源,在短期内获得大规模效益;有利于产品外销和技术开发;与OEM的技术开发同时并进,提升自身的技术实力[26];对我国本土的OEM企业,EMS策略可作为初期的积累平台,在提升企业技术能力及竞争力之后,利用EMS创立的营销渠道打造OEM自有品牌(陈渊,2002)。EMS使OEM能更快适应现代科技时代产品、技术变化日新月异的特点,为OEM企

业节省投资、降低成本,易于实现 OEM 企业预期利润指标;分散经营风险、缩短新产品投放市场的时间;适应终端客户小批量、多品种订货的需求;选择合适的战略外包合作伙伴;提高产业规模及发展速度[27,28]。

从全球产业链分工体系的角度来看,EMS 策略能增强企业自身优势并为企业带来正面效应,在组织和结构上具有更大的应变性和灵活性;使企业专注于核心竞争力的发展;规避经营风险;降低经营成本[29]。OEM 采用非核心业务外包可以提升企业的竞争力;优化组织结构;专注于核心专长;促使不断创新;提升品牌知名度;通过市场机制选择适合的 EMS 厂商,实现企业间的强强联手,优化市场竞争机制,实现共赢[30]。我国 EMS 产业以全球经济产业结构升级,跨国公司对华投资战略调整为契机,挖掘自身的劳动力成本优势,发挥在无形资产、服务、流通渠道等方面的专长,专注于价值链中的特定环节,通过配套生产、合同制造、战略联盟等方式融入跨国 OEM 全球产业链,在价值链层面与跨国 OEM 形成协同制胜或战略联盟的非竞争关系[31]。

EMS 对电子产业的发展产生了广泛而深刻的影响。使生产制造更加灵活,满足全球客户不同时间和空间跨度的需求;使全球电子技术实现突破性的创新、促进全球电子产业经济的规模效应;促进全球资源共享,帮助企业获取全球资源;促进 OEM 新产品开发周期缩短。EMS 产业链发生了结构性的改革,成为电子产业中一个重要节点,连接上游的 OEM 和下游的供应链集群。

综上所述,我国 EMS 产业处于中国电子产业体系中的关键环节,与产业链上其他众多企业有着很强的直接、间接的经济联系,其发展具有连续性和辐射效应,能带动一大批本土电子元器件产业的形成和发展;我国 EMS 产业的国际化梯次发展策略,对形成核心品牌企业[9],提升产业全球竞争力至关重要。论文针对我国 EMS 产业研究文献的不足,借鉴国外发展 EMS 产业的经验,系统分析我国 EMS 产业所处的发展阶段,揭示制约产业发展的瓶颈;系统研究产业发展的环境系统、动力机制、构建评价体系、设计适用于我国 EMS 产业运营发展的协同模式、从企业层面提出发展模式创新;结合各类 EMS 企业不同的发展层次,提出促进我国 EMS 产业从全球电子产业链较低端的加工、组装、制造等密集型生产向高附加值的研发制造型生产转变的发展策略,在提高我国大陆 EMS 产业技术创新能力、解决社会就业压力的同时,促进我国 EMS 产业的整合发展;形成我国 EMS 产业可持续发展的正确定位,推进和带动我国 EMS 产业从当前的第三层次向第一层次发展。

1.3 本书主要内容

1.3.1 提出问题

作为一项长期的企业发展策略,EMS 产业本身在提升技术创新能力的同时,增强了众多电子企业的核心竞争力,也获得了更为稳固的客户群和市场份额。全球前六大 EMS 服务商全部位列世界 500 强。

在全球电子产业的分工体系和价值链的分配中,全球 EMS 产业格局可以归纳为三个层次。第一层次的 EMS 产业掌握创新技术、引导产业标准的形成;第二层次的 EMS 产业以制造研发为重点,拥有电子生产制造中的关键技术和产品;第三层次的 EMS 产业普遍缺乏核心技术和标准,以我国、印度及东南亚的部分发展中国家为代表。

正当我国 EMS 产业处于这样的"高速、高位"发展态势之际,令人遗憾的是在全球电子百强的制造服务商的名录中仍见不到我国大陆 EMS 企业的名字。在同样的生存环境下,为什么我们国家自己的企业不能做大做强,这是个值得思考的问题,不仅关系到我国 EMS 产业的发展,而且直接关系到我国电子产业核心竞争力的培育和发展,对此问题进行研究有重大的理论和现实意义。如何规划中国 EMS 产业的发展之路,发挥我国的本土优势,缩短与跨国 EMS 之间的差距;如何加强政府对我国 EMS 产业发展的协调、规范和扶持;如何在全球电子产业体系的结构调整中对我国 EMS 产业总体发展规划进行战略性调整;如何培育中国 EMS 产业的综合竞争力;如何为中国电子产业打开通向世界市场之门,是我国 EMS 产业发展亟待解决的问题。

我国 EMS 产业目前处于全球电子产业价值链第三层次。如何以世界产业调整为契机,研究适合我国 EMS 发展的系统模式,形成梯次发展格局,促使各层次 EMS 提高竞争力、培养核心企业,融入全球产业链分工体系,并以之为突破口,使我国 EMS 产业从第三层次跃居第一层次,促使我国从制造大国转变为制造强国,这是我国实现在全球市场竞争中持续稳步发展的重要保证。

1.3.2 发展 EMS 产业的迫切性

在日益激烈的国际竞争中,增强综合国力和国家的竞争优势,必须依靠有竞争力的产业。EMS 产业是中国电子产业体系中的关键环节,与产业链上其他众多企业有着很强的直接或间接的经济联系;其发展具有连续性,能带动一大批电子元器件产业的形成和发展;对中国电子产业、工业以及整个国民经济的现代化都具有很强的推进和带动作用。对我国 EMS 产业进行系统研究的迫切性归纳为三个方面。

(1) EMS 产业属于电子制造业中的高科技产业,融合了信息化、计算机技术的技术革命,我国工业现代化要求 EMS 产业加速发展,使传统制造业引进智能化的管理过程和手段,将信息技术与管理结合,以技术革新促进 EMS 产业的快速发展,提高产业竞争力。

(2) 我国大陆 EMS 产业位于全球 EMS 分工体系的第三层次,系统研究我国 EMS 产业发展,有助于改变我国大陆 EMS 产业的落后状态,迅速发展转变为第一层次。

（3）EMS产业发展领域文献研究不足,系统地对EMS产业发展进行归纳的文献相当有限,对中国大陆EMS产业发展的相关研究更是鲜见,急需增强研究力度。

总体来说,有针对性地研究我国大陆EMS产业发展的理论力度不足,实践指导也非常有限,因此,本课题拟对我国EMS产业发展进行系统化的研究,以弥补这方面的不足。

1.3.3 研究内容

（1）第一部分研究我国EMS产业的发展现状,与跨国EMS产业的发展现状进行对比分析,对我国EMS产业所处的产业环境进行了深入剖析,运用PEST分析法探讨了我国EMS产业发展的主客观环境条件,以及与跨国EMS产业相比急需缩小的差距所在。

（2）第二部分从EMS产业的生态系统、动力系统、评价体系、协同模式四方面展开。基于生态系统理论对我国EMS产业进行分析；探讨我国EMS产业发展的动力系统及优势所在；借鉴国内外EMS现有的评价体系,建立了我国EMS产业发展的系统评价体系；从企业运作层面创建了企业间供需协同模式、从产业发展层面构建嵌入全球价值链协同模式。

（3）第三部分在第二部分研究基础上提出我国EMS产业发展模式的创新选择策略；结合典型跨国EMS企业旭电的发展模式,运用实证研究的方法分析和研究了论文在核心部分所提出的动力机制、评价指标体系、协同模式及发展模式的创新选择对旭电发展所起到的优化作用；指出我国EMS产业发展趋势、国际化发展策略及政策建议。

1.3.4 研究方法和技术路线

我国EMS产业发展研究是一个系统问题。通过对文献和资料的研究,结合对企业的调访,采用系统分析方法和 PEST 比较法分析我国 EMS 产业现状;应用生态系统理论与方法,分析我国 EMS 产业所处生态环境;应用动力系统方法,构建了动力系统结构;运用主成分分析法和专家评分法,构建了我国 EMS 产业系统评价模型;应用协同理论和方法,构建了我国 EMS 产业协同发展模型;运用系统科学方法,提出我国 EMS 产业发展模式的创新路径;通过实证研究,验证了论文提出的系统发展模式,并在此基础上提出促进我国 EMS 产业发展的政策建议。论文的技术路线图如图 1-5 所示。

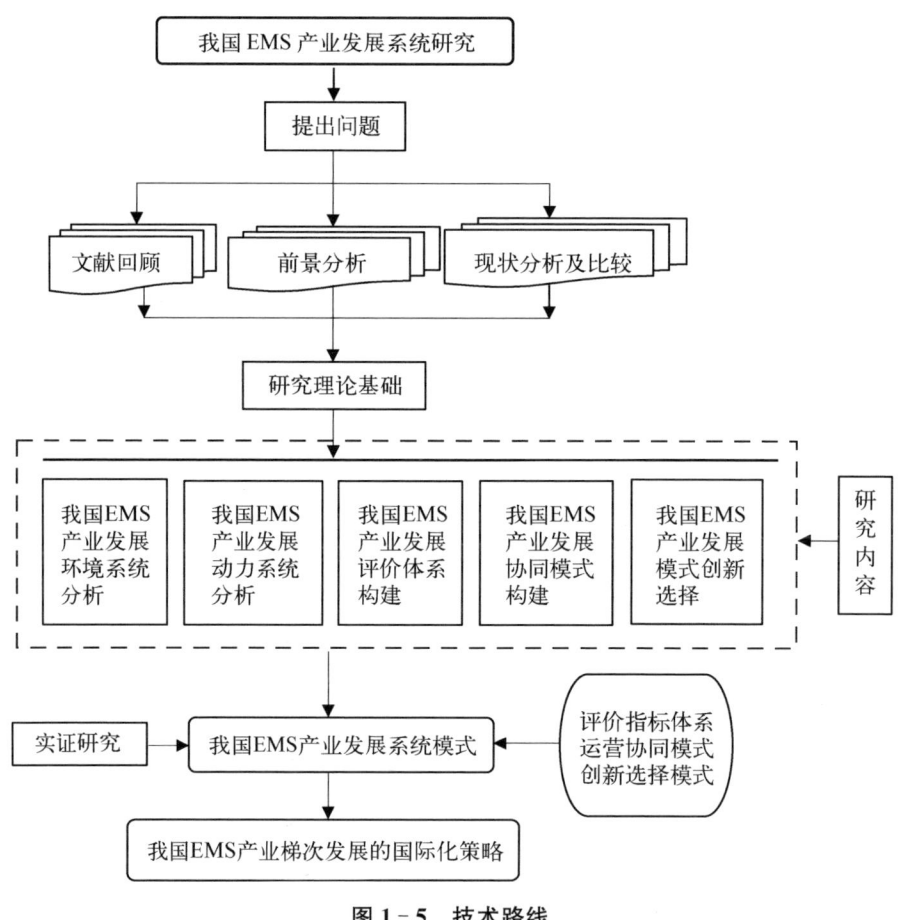

图 1-5　技术路线

第2章 相关理论研究及其进展

EMS 不仅是企业的一种生产经营模式,也是 EMS 企业实现自身发展、带动电子产业与其它相关产业发展的一种战略管理模式。

2.1 EMS 产业发展理论结构体系

有关 EMS 产业发展的相关理论可用以下结构图表述(图 2-1),五大理论为 EMS 企业发展的微观层面、EMS 企业与其合作伙伴间的互动合作及 EMS 产业发展宏观层面所面临的系统化大环境提供了理论支持,形成了支持 EMS 产业发展的理论结构体系。

(1) 企业竞争力理论是 EMS 企业发展的核心,通过一系列持续提高、改善和强化构建 EMS 企业的核心竞争力。

(2) 供应链理论解释了企业如何通过前向整合和后向整合实现企业的供应链优化,帮助 EMS 企业提高或降低公司对于价值链体系中投入和产出分配的控制水平。

(3) 协同理论的运用,使 EMS 产业的发展不再局限于自身产业结构的自有资源,拓展了整合价值链上合作伙伴及相关产业整体资源的能

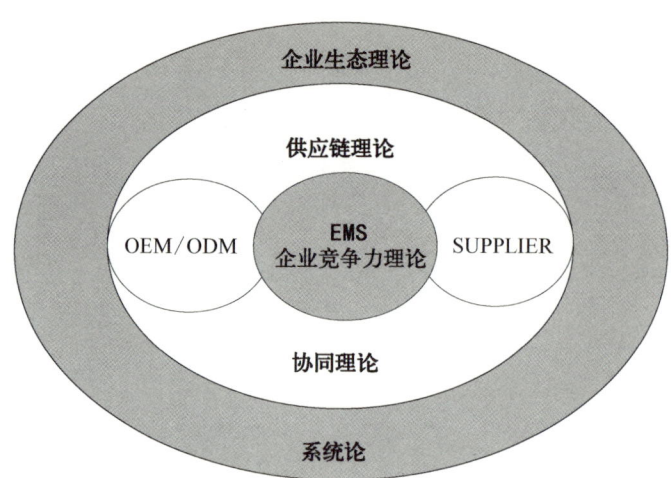

图 2-1　EMS 产业发展的理论支持结构体系

力,为价值链上所有合作伙伴创造增值效应。

(4) 企业生态理论,从产业发展的宏观生态系统角度,审视 EMS 产业发展所需要的催化剂、营养、土壤和所需的环境支持。

(5) 系统论的观点,从产业系统层面,帮助 EMS 产业制定具有全局观念的发展方向,促进 EMS 产业在创新基础上实现可持续发展,形成良性发展的产业系统。

该结构体系中各理论关注的角度和重点各有不同,形成了丰富的有关 EMS 产业发展的理论研究体系。本章拟结合本书的研究重点,通过对这些相关理论及其发展的研究,对 EMS 产业发展从理论支持的角度做进一步归纳和阐述。

2.2　系　统　论

系统论(System Approach)作为一门科学,由理论生物学家贝塔朗菲(Bertalanffy)创立,为 EMS 产业发展的研究提供了产业层面和大环境的视角。1968年贝塔朗菲(1968)发表了专著 *General System Theory: Foundations, Development, Applications*,该著作被公认为是系统论学科的代表作[32]。1971年,他建构系统科学的体系结构,将系统研究分为系统技术、系统科学和系统哲学三个层次[33],并把系统定义为由若干要素以一定结构形式构成的具有某种功能的有机整体。系统包括系统、要素、结构和功能四个基本概念,包含要素与要素、要素与系统、系统与环境三方面的关系[34]。John Almat Hews 和 Dong Sung Cho(2000)将系统论的观点延伸至外包理论的研究,将系统论观点与外包理论相结合,认为跨国 OEM 企业选用外包策略是基于企业系统化发展的整合。跨国 OEM 企业注重全球研发价值链中最有利可图的部分,对于市场开拓能力较强的发展中国家可以积极参与外包系统,最终发展到全球物流契约(Global Logistic Contracting,GLC)模式,从而使发展中国家纳入全球价值链体系,实现市场扩张和企业系统发展的目的[35]。

作为我国现代系统科学的开拓者,钱学森(1982)对系统科学理论进行了广泛的研究,提出著名的"三个层次一座桥梁"的学科体系模拟框架,即任何一门完善的科学都应该包括基础科学、技术科学和工程技术三个层次[36]。其观点在《系统科学精要》一书中得到深入阐述(苗东升,1998)。运用系统论的研究方法是采用系统综合的思维方法对目标事物进行研究,着重从孤立的研究对象转向在相互联系中对目标事物进行研究,从强调用静止的观点观察事物存在的科学转向用动态的观点观察事物演化的科学[37]。从哲学角度来审视系统的基本思想,可以通过科学的精确的数学方法定量地描述系统之间的差异及其相互作用和发展变化过程,并将系统论的观点引入供应链管理策略的研究(陈思云,2003)。研究证明企业在实施供应链管理时运用系统论观点能帮助企业充分利用企业有限的资源,提高供应链的运营绩效[38]。企业的创新活动也是一个系统,真正成功的创新是企业技术创新、产品创新、制度创新、管理创新、市场创新和观念创新等多种创新兼顾,协调进行的整体的系统创新[39](谷传华,陈会昌,2004)。系统论从系统的角度观察客观世界所建立的科学体系,整体性是系统最基本的特征[40](张劲松,2005)。系统论的研究方法后来被引入全球价值链治理、驱动力和创新理论研究[35]中,并作为一种高效的研究方法广为传播(池仁勇,邵小芬,吴宝,2006)。

系统科学发展到20世纪,以其综合性、跨学科性和方法论的普适性促进了当代科学的发展。系统论的观点,特别是复杂系统科学以其独特的思维方式和科学的自然观探索以往未曾涉猎的领域,揭示出比传统科学更为广阔也更为真实的现象。此外,系统论为我们提供了一种关于整体和部分之间关系性质的新视角[41]。研究EMS产业的发展,引入系统论的观点和研究方法,将使有关研究从EMS产业价值链整体协作的互动关系出发,着重在全球价值链上企业与企业之间、产业与产业之间的相互作用、发展过程,在优化整体资源利用的基础上,寻求我国EMS产业系统化的可持续发展模式。

2.3 产业生态理论

将生态学(Ecology)的观点引入EMS产业发展研究中,探讨EMS产业在企业生态环境下的发展,为研究提供产业层面的生态观点。美国生态学家Odum于1963年在 *Fundamentals of Ecology* 一书中指出,生态学是研究自然结构及其功能的科学,适合于研究所有生命形式和经济组织形态。经济学(Economics)与生态学(Ecology)在英文原意中是同源词,产业生态理论的发展印证了这一观点。企业是经济社会中一个重要的基本生命单元,是产业组织的一个重要组成细胞。经济学又是研究企业与市场环境相互关系的科学,产业生态理论延伸到企业管理中,形成了"企业生态学"(Enterprise Ecology)[42]。企业生态系统与自然生态系统有着许多相同的特点,但企业与生物有机体有着本质的区别。生物有机体是自然生命体,而企业是人类的社会组织,没有自然有机生命,只是仿生体。企业生态理论具有独立的学科性,不是一般生态学在企业组织中的简单应用。

Hannan 和 Freeman(1977)首次提出了组织生态理论(Organization Ecology)的概念[43]。组织生态理论从社会学发展起来,起源于生物学、生态学和经济学等传统学科的组织理论,以独特的视角、分析方式以及研究对象对组织理论的发展产生了深远的影响[44],丰富了企业、产业发展的理论体系。1998 年国内学者杨丁和陈慧玲在其合著的《业竞天择》一书中,将产业生态应用于企业经营的环境分析中,首次在高科技产业发展研究中引入生态系统的概念,分析我国台湾新竹高科技园区半导体产业的历史和现状,与硅谷等全球其他成功的高科技产业园区的发展现状进行了比较分析,提出产业生态发展的概念和分析架构[44],将企业生态理论引入到我国台湾新竹地区 EMS 产业发展中。随着信息系统的快速发展,生态理论的观点被运用到信息系统进化的研究中[45](何永刚,2006)。产业组织发展追求最优策略使博弈论的思想在产业生态发展中也得到了传播,系统成员寻求最优组合策略——纳什平衡(Nash Equilibrium),使产业生态系统处于环境和经济的最优状态[46](尚海洋,2006)。生态系统从本质上来看是一个相互依赖、相互作用的系统,任何个体的存在与发展都和其他个体的存在与发展息息相关[42]。我国企业的发展也应注意和企业生态系统中其他企业建立互惠共生体系,形成规模优势和产业体系,创建和谐的企业发展生态系统(宋阳,祝木伟,2004)。

EMS 产业从 OEM 产业链分工体系中裂变而来,本身就是电子产业的生态系统进行自我调节的举措。由于 EMS 产业专注于生产制造等具有规模效应的产业环节,对供应链上下游合作伙伴具有很强的辐射效应,对 EMS 产业发展运用生态理论进行研究变得尤为重要。EMS 产业的生态发展也成为其实现可持续发展的必备条件。

2.4 供应链理论

对供应链的学术研究开始于 20 世纪 50 年代末 60 年代初。发展至今,供应链理论的概念已跨越了最初的企业界限,从企业内部的运营工具转变为一种管理方法体系。供应链理论提供了企业层面的有关供需运营管理的理论支持。

Forrester. Jay. W. (1961)开创性地提出供应链一词,被称为"供应链设计之父"。根据美国生产和库存控制协会(APICS)第九版字典中的定义,供应链管理是计划、组织和控制从最初原材料到最终产品及其消费的整个业务流程,这些流程链接了从供应商到顾客的所有企业。供应链包含由企业内部和外部为顾客制造产品和提供服务的各职能部门所形成的价值链[47],被认为是改善产业组织竞争力的最有效工具(Fred A. Kuglin, 1998)[48]。Toyota System 精益制造理论与供应链管理的有效结合,使供应链理论成为产业组织改善组织弹性,应对市场变动的最佳方案[49](Angappa Gunasekaran, Kee-hung Lai, T. C. Edwin Cheng, 2007)。

从现有的文献来看,国内外对 EMS 企业供应链管理模式的分析研究主要通过价值链、供应链的概念,基于探讨供应链合作关系的研究和基于供应链绩效的研究三个途径展开。

(1) 基于价值链、供应链的概念

20 世纪 80 年代中期哈佛大学的迈克尔·波特(Michael E. Porter, 1990)教授首次提出"价值链"(Value Chain)的概念,正式引入供应链和价值链管理的思想[50]。1995 年,哈佛商学院教授杰弗里·雷鲍特

(Jeffery. F. Rayport,1995)和约翰·斯维奥克拉(John J. Sviokla,1995)教授在此基础上提出"虚拟价值链"(Virtual Value Chain)的观点,进一步弱化企业间价值链的边界[51],提出虚拟组织的价值链管理概念。作为虚拟价值链观点的延伸,艾德里安·斯雷沃斯基(Adrian Slywotzky,1996),在《利润区》一书中首次提出"价值网"(Value Net)的概念。价值网是多层次、多种虚拟价值链形成的网状组织结构。在信息时代,企业通过电子信息技术价值网把相互独立的企业与客户相互联系起来,形成全方位的信息资源共享和优势互补,达到快速响应市场需求变化,为顾客创造更多价值的目的[52]。美国供应链协会对供应链给出了定义,认为供应链涵盖从供应商的供应到消费者的消费,自生产到制成品交货的各种工作过程。供应链的运营过程可以用计划(Planning)、寻找资源(Sourcing)、制造(Manufacturing)、交货(Delivering)和退回(Returning)五种基本流程来表述[53]。

我国国家标准《物流术语》[54]认为,供应链是指生产与流通过程中,涉及将产品或服务提供给最终用户活动的上下游企业所形成的网络链接结构。供应链管理,是指利用计算机网络技术全面规划供应链中的商流、物流、信息流和资金流等,并进行计划、组织、协调与控制[55]。供应链管理,就是把生产过程从原材料和零部件采购、运输加工、分销到按需求将最终产品送到客户手中,作为一个环环相扣的完整链条,通过现代信息技术武装起来的计划、组织、控制和协调等经营活动,实现整个供应链的系统优化和各个环节之间的高效率的信息交换,达到成本最低、服务最好的目标[56]。一体化供应链物流管理的精髓是实现信息化,通过信息化实现物流快捷高效的配送和整个生产过程的整合[23](申光龙,2001)。

(2) 基于探讨供应链合作关系的研究

研究供应链管理,势必要涉及供应链中各合作伙伴的关系。Ford (1980)将基于时间的供应链合作关系发展阶段分为合作关系前阶段、发展早期、发展中期、稳定性阶段和最后阶段等五个阶段[57]。10年后,以Porter为主要代表人物的供应链研究学者创立价值链分析法,认为企业核心竞争力和持久竞争优势由企业在价值链上的战略节点位置决定[58](Porter,1990)。Willis和Huston(1990)强调合作伙伴间的密切关系、相互信任、相互合作及信息共享,为OEM产业与EMS产业建立平等的合作关系提供了理论支持[59]。此后,Evan和Laskin(1994)提出由输入、输出和关系评价体系三大部分组成的有效供应商关系管理模型,运用变量假设,并对变量中的组成因素进行了实证分析[60],为供应链绩效评价体系建立了管理模型。成功的供应链要素可以归纳为:高层承诺、严格的供应商选择过程、持续努力地改进、目标一致、联盟及伙伴关系支持体系文件、不断关注双赢机会、广泛沟通和分享信息[61,62](Robert J. Trent,1998;Christopher Martin L.,1992)。

国内学者马士华等(2000)指出供应链合作企业由加盟的节点企业组成,各协作单位的节点企业在核心企业的需求信息驱动下,通过供应链的职能分工与合作,以物流、信息流和资金流为媒介实现整个供应链的增值(图2-2)。实施供应商的合作关系意味着合作双方共享市场机会、共担经营风险[63],Mark Harvey Moore研究了对于时间价格敏感型需求下的供应链决策问题,证明供应链战略联盟的集中决策模式能够实

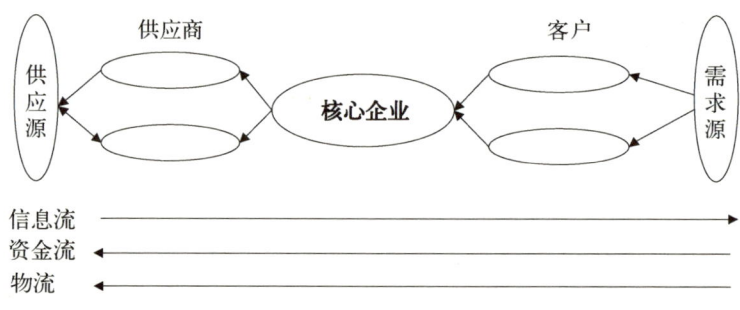

图2-2 供应链合作关系结构模型

资料来源:马士华、林勇、陈志祥,《供应链管理》,第42页[63]

现更大的供应链整体收益[64]。

Mark Harvey Moore 博士(2003)分析 OEM 产业从 1995 年到 2000 年的成本、市场、反应速度和全球竞争的压力情况等。研究 OEM 产业选择 EMS 产业作为其合作伙伴进行企业创新的垂直整合后带来的成功因素,提出选用 EMS 产业对 OEM 产业提高市场份额和提升市场竞争力具有现实意义[65],同时,还对 EMS 产业和 OEM 产业间的供应链合作关系作了全新的阐述。EMS 产业与 OEM 产业间的合作关系突破了传统纵向一体化结构,使产业间的横向合作价值成为理论研究的新热点[66-68]。

(3) 基于供应链绩效的研究

供应链绩效良好表明供应链各节点企业能为提高供应链的整体竞争力协调运作,运营作业以信息共享为基础,以实现整体供应最优为目标,克服传统孤立的、集成式供应链管理中由各决策管理单位孤岛式决策带来的决策障碍(Cooper et al., 1997; Cooper, Lambert, 2000; Ellram, Cooper, 1998; Novack, Langley, Rinehart, 1995, Anderson Erin, James A. Narus, 1990)[69-72]。

Kogut B. (1985)运用比较优势原理分析了价值链各环节的空间布局与国际范围内产业资源优化配置的关系,以及对供应链绩效的效用[73]。Robert M. Monczka, Robert J. Trent, John A. Wagner, Paul A. Rubin, Thomas J. Callahan(1993)在 5 年之内对 100 家企业进行调查研究,发现产业中的核心企业绩效决定整个供应链中的众多合作企业绩效。通过核心企业的领袖作用,采用供应链管理策略优化产业中相关企业的供应绩效,能达到共同提高的目的[74-76]。

EMS 所采用的现代采购是一种整合的战略性采购,也是一种供应商基础管理和优化企业供应链管理的先进模式。企业与供应商建立战略性合作关系,促使企业成为精益组织,运用灵活的组织结构和信息响应系统,促进供应链整体绩效的提高[77](阎海燕,陈奎峰,2003)。EMS产业及电子企业通过相互协作抓住新机会,更轻松地进入新市场并实现可持续性增长(Hagen Wenzek,2004)[78]。John Cho 博士(2005)通过对数 10 家在中国运营的电子企业的调查,揭示中国电子产业的协作水平、协作驱动力和面临的阻力,为中国电子企业度身定制了价值链协作模型[79]。

在当前供应链协同竞争环境下,企业要想生存并迅速发展,必须联合上下游企业来打造供应链优势,依靠供应链的综合实力来抵御外界的竞争(温德成,李开鹏,2006)[80]。在供应链协同竞争环境下,合作是供应链存在并发展的前提,一旦核心企业与其供应链伙伴之间存在恶性竞争,势必会造成竞争能力弱的一方竞争力的进一步削弱,并可能引发此企业与上下游企业的恶性竞争,削弱供应链的整体竞争力。保持战略合作伙伴之间的合作博弈关系已成为供应链成员关系的主流特征,供应链协同竞争已成为许多企业参与市场竞争的必然选择[80,81](Bruce Greenwall,Judd Kahn,2006)。

2.5 协同理论

协同(Synergy or Collaboration)是协调两个或者两个以上的不同资源或个体,协同一致地完成某固定目标的过程或能力[82]。协同理论是企业间、产业内运营所不可缺少的重要理论。协同在管理学中最初出现于 1965 年理性主义学派学者安索夫 Igor Ansoff 所著的《公司战略》中,认为战略管理中的协同效应是一种联合作用的效应,是企业获得的大于由部分资源独立创造的总和的联合回报效果,达到 2+2>5 的效果[83]。Ansoff 提出的战略协同理论,阐述了基于协同理念的战略如何作为纽带连接公司多元化业务,使公司更充分地利用现有优势开拓新的发展空间[84]。

德国著名物理学家赫尔曼·哈肯在1976年正式提出了协同理论。认为协同是一门自组织理论,研究各要素之间,要素与系统之间、系统与环境之间的协调、合作、同步、互补的互动关系。20世纪80年代战略管理大师迈克尔·波特指出对公司各下属企业之间的相互关系进行管理是公司的战略本质,协同是关键[85]。寻求协同效应的失败,并非是因为其概念的某些本质缺陷,而是由于公司没有理解和执行协同效应的能力。Itami Hironyuki(1987)从企业资源优化的角度论述了协同的重要意义。Itami将公司资源分为"实物资源"和"隐性资源"[86],认为企业间的资源共享通常通过实物资源共享来获得,而企业间的协同效应则需通过隐性资源的共享和优化配置来获取。协同在企业间隐性资源优化方面发挥了重要的作用。

国内众多学者认为企业协同作业带来的整体效益大于协同作业前两个单独企业的整体效益之和。协同理论被运用到EMS产业发展研究中,以硅谷电子产业的发展为例,硅谷是一个经济协同发展系统。斯坦福大学、硅谷高新技术企业等子系统之间存在着较强的协同效应,电子产业内部与其合作伙伴间形成的协同系统,使硅谷创造了巨大的社会效益和经济效益[87](刘卫东,2003)。硅谷系统中各子系统之间的协同作用,正是由于具有协同性关联力的存在,企业间形成极强的关联度,可以促进企业间战略联盟的形成,弱小企业也能借助强大的战略联盟企业达到成长目的[88](马云辉,王猛,2004)。企业与客户间的协同关联也使EMS企业在大规模制造和客户定制化需求之间获得最优化解决途径[89](郑华林,2006)。

市场竞争压力和企业自身资源局限性迫使企业必须寻找强有力的合作伙伴来增强竞争能力,弥补在专业领域的不足。按协同理论,EMS

产业是 OEM/ODM 的战略合作伙伴，通过建立协同关系，在生产制造能力上产生了互补，协同运作后在资源配置、质量改善、交付准时以及成本降低等方面，将不断产生 1+1＞2 的协同效应。这一效应也将使双方不断提升自身的核心竞争能力，使企业在世界市场上取得更大的综合竞争力，促进 EMS 产业在创新驱动的协同运作下实现质的飞跃。

2.6　企业竞争力理论

对 EMS 产业发展进行系统研究，离不开企业的核心竞争力。企业是产业组织的细胞，企业核心竞争力的增强，促使产业形成良性集群效应，最终提升产业组织的竞争力。

90 年代，加里·哈默和 C. K. 普拉哈拉德(1990)将核心能力的概念引入战略管理理论，研究企业核心能力便成为战略管理理论研究的前沿。培养企业的竞争力，核心是有效协调各种功能以达到资源的高效整合。战略管理大师迈克尔·波特提出的钻石模型是最早的企业竞争力模型，也是企业常用来进行竞争力分析的战略工具[90]。钻石模型的独特之处在于由外而内的战略思考方式，从市场新进入者对企业产生的威胁、市场上替代产品或服务对企业产生的威胁、客户的议价能力、供应商的议价能力及产业现有的竞争状况五种外在因素对企业在产业内、市场上的竞争力进行分析。政府的力量后来作为第六种影响因素加入波特的竞争力影响因素中去。

企业的竞争优势来源于企业在设计、生产、营销和交货等过程及辅助过程中所进行的许多相互分离的活动[91]，考察企业活动及其相互作用中有利于提升其竞争优势的各种资源是必要的。美国《产业竞争力总统委员会报告》认为，企业竞争力是指"在自由良好的市场条件下，企业能够在国际市场上提供好的产品、好的服务,同时又能提高本国人民生活水平的能力";《世界经济论坛 WEF》1985 年《关于竞争力的报告》指出[92],企业的国际竞争力是"企业目前和未来在各自的环境中以比它们国内和国外的竞争者更有吸引力的价格、质量优势来进行设计、生产并销售货物以及提供服务的能力和机会",1994 年 WEF 在其《国际竞争力报告》中又把企业竞争力定义为"一个公司在世界市场上均衡地生产出比竞争对手更多财富的能力";前世界经济论坛,常务理事长葛里教授认为,企业竞争力就是企业和企业家设计、生产和销售产品和劳务的能力,其产品和劳务的价格和非价格的质量等特征比竞争对手具有更大的市场吸引力[93]。

对于我国制造业中小企业而言,当务之急是以跨国公司对华投资战略调整为契机,基于全球产业分工网络进行科学合理的价值定位,适度进行产业链节点的横向扩张和纵向延伸,实现产业链升级,提升产业竞争实力[31, 94-96]。Hans Gersbach, Tom Jansen, William W. Lewis, Koji Sakate(1993)对 EMS 产业综合竞争力的来源进行了研究[91];Anthony F. Buono(1997)研究了供应链中战略联盟最佳组织架构,从人力资源管理角度提出有利于提升企业竞争实力的组织结构[97];Wang Yonggui, Hing Po Lo(2002)从成本分析角度分析 EMS 产业处于激烈竞争中的市场地位,并从学习型组织视角探讨提升组织综合竞争力的模式[98]。

进入新世纪以来,随着国际制造业的复苏和全球制造中心向发展中国家的转移,我国已成为世界生产制造大国。广阔的消费市场、较低的劳动力成本和较强的柔性生产能力,以及完善的工业配套设施,是制造业在我国快速发展的土壤。目前,我国制造业增加值已经跃居世界第三位,有 100 多种工业制成品的产品已成为"世界第一"。EMS 产业作为大规模电子产品制造产业,在全球电子产品制造中担任着越来越重要的角色，其销售额比例也占到全球电子产业的近 50%。然而，与跨国 EMS 产业的发展状况相比，我国 EMS 产业的发展是国际电子产业分工体系调整和全球产业转移的结果，产业发展是由全球电子产业的分工体系需求所推动的，目前承接的也以低端产品为主，产品附加值不高，在国际电子产业分工体系中仍处于全球价值链的低端，属于全球 EMS 分工体系的第三层次。如何提升我国 EMS 产业的国际竞争力，使产业发展形成由自主创新激励的拉动式发展格局，形成梯次的系统发展格局，是我国 EMS 产业发展在这一阶段的重要任务。

第3章
国内外 EMS 产业发展现状分析

20世纪90年代以来,信息技术向高端发展,发达国家为了保持竞争优势,将一般资本密集型和技术密集型的产业向发展中国家转移[99]。国际电子产业转移在广度和深度上不断扩展和深化,由生产领域拓展至研发、服务领域。国际电子产业转移不再局限于衰退产业的转移和培育新的主导产业,而更为注重通过整个国际电子产业在全球的资源整合来寻求竞争优势。以美国为代表的发达国家向全球高端产业链转移过程中,EMS 产业的生产制造中心也转向成本较低的以中国为代表的发展中国家。本章分析跨国 EMS 及我国大陆 EMS 产业发展现状,分析比较我国大陆 EMS 产业与跨国 EMS 产业的差距,总结跨国 EMS 产业快速发展的主要经验,以确立我国 EMS 产业正确的发展方向和策略。

3.1 国外 EMS 发展现状分析

EMS 起源于硅谷电子信息产业集群。自20世纪60年代兴起,其先驱被认为是 SCI System(四海科技),至今已有40余年的历史。

EMS 的兴起最早源于众多跨国电子企业的外包策略[100,101]。面对日益激烈的竞争环境,欧美跨国 OEM 产业不断分离加工制造等低附加值的运营环节,把主要的经营资源集中在能够为企业创造高附加价值的研发、营销中[19],在国际产业转移中,重新整合产业链上下游产业在世界各地分布,互相利用供应链上下游的优势,实现战略资源共享和资源利用最大化[7]。OEM/ODM 产业的非核心业务外包策略使 EMS 产业逐渐从其发展壮大中分离出来,因占全球电子产业过半的销售收入而成为全球电子产业发展最快的一个新兴产业。据 2006 年世界 500 强排名,跨国 EMS 产业前 6 大企业全部跻身世界 500 强。

3.1.1 欧美 EMS 的发展现状

根据 Custmer 公司 2006 年 6 月的研究报告表明(图 3-1),EMS 服务已从最初的以计算机生产制造为中心呈现出多元化发展的趋势(表 3-1),与 1997 年各产业 EMS 销售额所占比例进行比较分析,2005 年的 EMS 明显具备了多元化的特征。

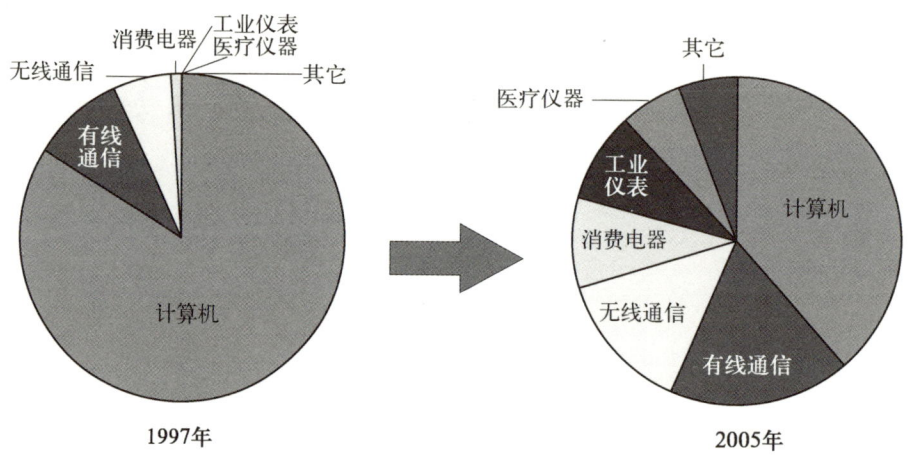

图 3-1 1997 年与 2005 年各产业 EMS 销售额比例对比

第3章 国内外EMS产业发展现状分析

表 3-1 各产业 EMS 销售额所占比例

时间	计算机	有线通信	无线通信	消费电器	工业仪表	医疗仪器	其他
1997	83%	9%	6%	1%	0%	0%	0%
2005	39%	18%	14%	9%	9%	6%	6%

对比 2004 年与 2005 年 EMS 的全球销售份额(图 3-2),一年内跨国 EMS 巨头的市场份额从 2004 年的 765 亿美元增长到 847 亿美元,年增长率高达 11%。其中,个别业绩突出的 EMS,年销售增长率居然高达 41%。在全球前 11 家跨国 EMS 巨头中,7 家是欧美企业。欧美 EMS 产业的迅速发展与电子产业总体的趋势有关,由于电子产品的生命周期日益缩短,跨国 OEM 产业分流固定资产,剥离低附加值的生产制造环节,以期集中资源占据高附加值的研发、市场销售等环节。欧美 EMS 产业顺应全球电子产业的体系调整,大举并购跨国 OEM 产业的生产制造基地,并开始涉足利润更高的产品设计、售后服务等业务领域。欧美 EMS 产业的发展,树立了标杆式的 EMS 运营模式,成为全球 EMS 产业的领航员。

Large Global EMS Providers
2004 vs. 2005 Sales ($M)

		2004	2005	2005/2004 Growth %
Hon Hai (Foxconn)	Taiwan area	12,865	21,016	63%
Flextronics *	Singapore	16,063	15,581	-3%
Sanmina-SCI	USA	12,486	11,344	-9%
Solectron	USA	12,261	10,207	-12%
Celestica	Canada	8,840	8,471	-4%
Jabil Circuit	USA	6,577	8,095	23%
Elcoteq Network	Finland	3,663	5,170	41%
Benchmark Electronics	USA	2,001	2,257	13%
Venture Mfg	Singapore	1,924	1,964	2%
Universal Scientific	Taiwan area	1,163	1,450	25%
Plexus	USA	1,090	1,270	17%
Total		76,599	84,758	11%

* Does not include PCB maker Foxconn Advanced Technology ($300 M in 2005)
Sources: Company data (4Q'05 = actual or Custer estimate)
Local currency converted at constant 4Q'05 exchange; 32.15 NT$, 1.66 S$, .81 Euro/US$

图 3-2 跨国 EMS 2004 年与 2005 年度全球营业收入对比

数据来源:iSuppli 2006 年 6 月,Custer 咨询公司,2006 年 6 月

3.1.2 日本 EMS 发展现状

日本一直提倡"制造立国",素来以制造作为竞争力的源泉,所以日本的 EMS 产业发展较晚。但日本经济低迷和电子产业制造功能的专业化趋势推动日本 OEM 产业去寻求其他降低成本、提高效率的方法。为了解决居高不下的公司总体管理成本和制造效率低下问题,日本 OEM 企业已认识到采取 EMS 策略、降低成本是企业在全球市场、甚至在本国市场保持竞争力的唯一途径。

日本的大型 OEM 企业一方面重新分离价值链上低附加值的制造部分业务活动、制定外包策略;另一方面对本公司的制造资源进行重新组合,使其 EMS 化,为外部企业实施外包制造服务[19]。同时,众多实力强大的 OEM 企业及分离出来的跨国 EMS 企业,纷纷在劳动力成本相对较低的中国及其它亚洲国家建立自己的生产制造基地。

Sony,日本大型 OEM 公司,2000 年出售了位于台湾和日本的几处制造工厂,开始实施 EMS 战略。2001 年 4 月 Sony 兼并了日本国内的 12 所装配工厂,成立了 Sony-EMCS 公司。该公司将直接面向市场,为客户提供新产品设计、制造和服务,从 Sony 公司中独立出来演变为独立的 EMS 企业。NEC 也把位于日本本土外的生产子公司全出售给了欧美的 EMS 企业。而日本国内的生产工厂(除几所生产最尖端产品的工厂)也将分离独立并 EMS 化。

3.1.3 典型跨国 EMS

跨国 EMS 企业目前处于多寡头垄断状态,排名全球前 6 位的跨国 EMS 企业占据了整个 EMS 市场份额的近 75%。从前 6 大跨国 EMS 企业的发展现状中,不仅可以看到这些优秀跨国 EMS 企业的成长轨迹,而且能够感受到 EMS 产业未来经营模式的变化趋势。

(1) 富士康(Foxconn)

富士康,即台湾的鸿海精密工业有限公司。2005 年富士康首次取代了新加坡的 Flextronics,在 iSuppli 2005 年度的全球 EMS 供应商年度排名中位列第一。根据 iSuppli 2005 年调查报告显示,富士康当年销售收入达 273 亿美元,较 2004 年的 168 亿美元出现惊人增长,增长率高达 62%,远远超出了第二大供应商伟创力公布的 2005 年销售收入 156 亿美元。据 iSuppli 修订后的该年排名显示,2004 年富士康事实上已经成为第一大 EMS 供应商。富士康 2004 年获得销售收入 168 亿美元,超出了 2004 年伟创力 160 亿美元的总收入[102]。

富士康商业模式的组成包括极具竞争力的成本结构、垂直制造能力、互补型收购战略及偏好外包策略的由一线 OEM 组成的多样化客户端。这些因素赋予了富士康独有的竞争优势。此外,富士康特有的三大因素促进了它市场份额的增长:富士康核心业务生产线、原材料生产的自有性和零部件模块化快速出货模式(Component Module Move, CMM)[103]。

(2) 伟创力(Flextronics)

同样身为全球领先的 EMS 企业,伟创力(Flextronics)的总部设在新加坡,因收购爱立信大部分工厂而闻名,伟创力也是投资中国的先行者。2007 年 9 月,伟创力以 300 亿美元收购同为跨国 EMS 企业前 6 大企业之一的 Solectron,成就 EMS 产业界跨国企业并购的大手笔。

伟创力致力为 OEM/ODM 客户提供电子制造服务,更专注于为其客户提供全球的供应链管理,并在具体运作战略上提出了独创的工业园区概念。伟创力在五大洲 29 个国家拥有设计、工程、生产和物流园。专业化的物流园使伟创力可以通过其全球的各重要市场和区域的设施、网络为客户提供优质的供应链服务。伟创力所建立的电子物流园所具有的强大资源,使客户也能运用其强大的供应链资源,优化其它业务的物流运作能力。伟创力为其全球的客户提供端到端的加工、制造、运营服务,包括前端的产品设计、测试方案、生产管理、网络专业技术服务、IT专业技术、全球的物流运作管理服务及全球的产品分销服务等。伟创力共在全球建立了6大主要工业园区,大部分工业园区坐落于拉丁美洲、亚洲、欧洲等低成本地区[104]。

(3) 四海科技(SCI System)

四海科技被认为是EMS产业的先驱,成立于1961年。自EMS产业在20世纪60年代发展以来,至1998年,四海科技一直排名全球EMS之首[105]。

IBM与四海科技的联手,打造了四海科技在国际市场上跨国EMS企业的成功形象,也成就了一个新兴的EMS产业。美国个人计算机发明者著名电脑制造商IBM的第一台PC XT就是交由四海科技生产的。至1985年,四海科技的PC月产量已超过600万台。IBM和四海科技在这次合作中实现了双赢的目标,分别成为各自领域的全球领先公司。2001年,四海科技与Sanmina合并,形成新的EMS企业——Sanmia-SCI,合并为四海科技带来了财务上的稳定,使四海科技获得了众多的发展优势。

(4) 旭电(Solectron)

旭电是世界EMS产业中的典型企业,在1999年全球高科技EMS公司排名首位,也是目前世界上前6大EMS企业之一的高科技EMS公司。

旭电成立于1977年,总部位于美国加州硅谷。旭电客户遍布世界各地,包括众多国际知名高科技电子设备生产商,达150多家。公司自成立以来,以高新技术装配、测试及系统集成各类高质量和高价值的电子设备,发展速度惊人。经过近二十年的努力,旭电从一个组装制造厂跃升为跨国EMS企业。旭电于1991年及1997年两次荣获美国总统颁发的美国国家最高品质奖(Malcolm Baldrige National Quality Award),

成为唯一一家在10年内两次获此殊荣的公司[106]。

(5) 天泓(Celestica)

天泓,总部位于加拿大多伦多,成立于1994年。天泓的全球市场份额从1999年的53亿美元增加到2005年84亿美元,目前位列全球EMS排名第5位[107]。天泓的业绩考评与客户回馈相挂钩,并由公司内部第三方部门评审,其管理有前瞻性,能着眼于未来市场的需求,并立足于此来规划天泓的发展。天泓随全球电子体系的结构重整,足迹遍布亚洲、欧洲及南北美洲的19个国家和地区,同时也加大了对亚洲市场的投资力度。

(6) 捷普科技(Jabil Circuit)

捷普科技是老牌的EMS企业,创始在美国,1999年在广东收购香港GET公司工厂进入中国运作[108]。根据iSuppli 2006年最新发布的对全球EMS厂家排名中,捷普科技已超过Sanmina-SCI和Solectron,位列第三。捷普强调专注于客户的个性化服务,采用了创新性、高度分散的供应链结构,并以开放的企业文化为基础,在设计链管理中也采用类似的结构,从而成为全球顶尖EMS中异军突起的一员。

2007年6月,伟创力和旭电两大跨国EMS企业宣布合并之后,全球前几位跨国EMS企业的排列顺序发生了变化,富士康依然以25%的全球占有率傲视群雄。以2006年前几大跨国EMS企业的全球市场销售额计算,合并后全球前五位的EMS企业排名[109]和市场占有率如表3-2所示。

表3-2 2006年全球前五大EMS企业排名

名 次	EMS 企 业		2006年市场占有率
1	Foxconn	富士康	25.0%
2	Flextronics/Solectron	伟创力/旭电	18.4%

续表

名次	EMS 企业		2006 年市场占有率
3	Jabil	捷普	11.3%
4	Sanmina - SCI	四海科技	6.9%
5	Celestica	天泓	5.6%
总 计			67.2%

3.2 国内 EMS 发展现状分析

随着全球电子制造基地开始向中国转移,众多的 EMS 在中国投资建厂,设立了运作机构和制造基地,以占有更多的亚洲市场份额。中国长三角、珠三角以及环渤海地区已形成相对完整的电子产业群落。围绕家用电器等消费类电子产品、通信设备和终端产品、计算机网络设备、终端及外设产品的 EMS 企业,其整个上下游配套产业链在这些地区已初具规模。每一个跨国 EMS 企业周围有众多的为之配套服务的中小生产制造型公司,形成产业集聚效应。这些科技园区、产业园区在上海、苏州、无锡、昆山、杭州、天津、深圳、东莞、中山等地蔚为壮观。一方面,在跨国 OEM 企业周围,成长起来大量以合约、外包为特点的中小型 EMS 企业,以及零部件、元器件配套生产企业;另一方面,中国的 OEM 企业在生产自有产品的同时,也为跨国 OEM 承接外包的电子制造服务。EMS 模式已成为中国电子制造业的重要现象和不可分割的一部分。通过 EMS 产业园区形成的加工中心、制造基地也蓬勃发展,构成了长三角、珠三角的电子产业群落。EMS 是这些制造基地的一个基本特征,由 EMS 带动的供应链上下游产业的发展为 OEM 产业实现集中采购、优化物流方案、成本等服务提供了便利。中国的 EMS 产业是一个比严格意义上的 EMS 以及 OEM 大得多的概念,因为还有太多形形色色的合约、外包以及既做品牌又做 EMS 的混合模式。

中国目前的 EMS 产业主要由跨国 EMS 产业分支机构、我国台湾及香港地区 EMS 产业和中国大陆 EMS 产业三大类组成。

3.2.1 跨国 EMS 产业分支机构

全球前 6 大 EMS 公司,Solectron, Flextronics, Sanmina - SCI, Jabil, Celestica, Hon - Hai 均已进驻中国市场。最新的调查报告表明,它们在中国的业务增长率都要远高于全球其他地区。目前全球前 6 大 EMS 企业的营业收入约占中国市场份额的 60%,处于多寡头垄断地位。

除了中国本身所具有的成本优势和大市场优势,中国在电子元器件供应、技术人才和管理人才、自然资源等方面的优势也吸引着跨国 EMS 企业转移它们的生产基地来中国大陆。这些跨国 EMS 公司的到来,扩大了中国 EMS 产业的规模,为中国 EMS 企业进入国际市场创造了机遇。跨国 EMS 投资在推动我国 EMS 产业发展的同时,带动了电子产业的发展和当地经济的增长。

3.2.2 我国台湾及香港地区 EMS 产业

世界品牌电脑的主板约有三分之二是由台湾地区 EMS 企业生产制造的,而台湾 EMS 企业的笔记本电脑产量约占全球市场 95% 以上。其中,最大的广达电脑预计今年产量将达 940 万台,接近全球市场的 30%[110]。就跨国计算机生产企业来说,康柏近 25% 的台式电脑、IBM 公司 40% 以上的电脑、戴尔 60% 以上的电脑都是在台湾地区生产装配的。台湾的 EMS 出口额占其总出口额的三成以上,是最大的电子出口产业[111]。由于台湾的 EMS 产业具有的独特的专业分工,上下游都有许多中小企业,因而能快速灵活地适应市场变化,在世界产业协作中发挥着重要的作用。台湾 EMS 已成为仅次于美国的世界第二基地。以提供 EMS 为代表的富士康、台积电、联电,成为台湾 EMS 的先驱。台湾 EMS 产业的发展主要有四个特点。

(1) 出口导向发展为全球主要的电脑及半成品供应地区。台湾地区 EMS 产业的发展具有大量的生产管理、电子加工、装配、制造经验,供应链及相关产业结构较为完整,配套的合作产业发展迅速,具有很强的国际竞争力。

(2) EMS 产业外移趋势明显。近年来,由于电子工业的产品生命周期日渐缩短,OEM 企业的成本压力增大,台湾地区 EMS 产业的外移现象明显,众多台湾 EMS 企业纷纷将产品附加值低的低端产品生产、加工和装配转移到中国大陆,以期获取内地的低成本优势。从 1998 年的 29% 扩大到近年来的 65%,中国的信息产业硬件跃居世界第三位,增长率高达 40% 左右。

(3) EMS 发展从以最初的电脑产品为主线转为多元化发展。台湾地区早期 EMS 企业的发展起源于跨国 OEM 企业的电子制造外包,早期的 EMS 从个人电脑的加工装配发展起来,带动电脑的周边产业及配套的零部件产业,到 2001 年底形成以个人电脑为核心的台湾的 EMS 产业体系。之后,随着台湾电子工业发展的多元化趋势[112],EMS 服务也呈现多元化发展的趋势。台湾 EMS 开始涉足为不同的 OEM 提供更为广泛的电子制造服务。

(4) 台湾的政府行为对台湾地区 EMS 的发展起了主导作用。台湾地区 EMS 产业的发展离不开地区政府的大力扶持。政府加大对 EMS 产业、电子产业的资金投入,采取一系列措施加强对民间资金的引导,将电子信息产业列为优先发展的战略性产业。同时,政府陆续制定一系列促进电子信息产业发展的优惠政策,加强对专业人才的引进和培养,促进了台湾地区 EMS 的发展。

与跨国 EMS 企业仅把中国作为其全球布局的一环不同,港台 EMS 企业更多是把原来的工厂迁移到内地来,或是只在原来的工厂保留一小部分产能,大部分生产由内地的工厂完成。它们的进入为中国大陆 EMS 产业带来新的产业协作模式,也为我国大陆 EMS 企业、OEM/ODM 企业和配套的元器件供应商带来新的机会。同时,也直接催生了拥有较强制造能力、正在国际化进程之中的中国大陆的核心 EMS 大企业。这些企业在技术和管理上与跨国 EMS 还存在着距离,但经营思想却非常灵活。由于在沟通上没有语言文化方面的障碍,也能够在中国市场上与跨国 EMS 分庭抗礼。

3.2.3 我国大陆 EMS 产业

EMS 产业是我国电子产业的支柱产业之一,占据了半壁江山,目前还处于起步阶段。由于产业环境、经济实力、企业文化等多种因素的影响,我国的 EMS 既没有沿袭跨国 EMS 发展的步伐,也没有直接把这些跨国 EMS 和港台 EMS 的经营模式拿来为我所用。目前中国市场上所存在的 EMS 主要有四种,在第 8 章中有更详细的表述。

(1) 单一的 EMS 模式。这类 EMS 企业的经营规模较小、自动化程度低、只能承接比较简单的产品的制造加工,为中国大陆的小型 OEM/ODM 企业提供电子制造服务。

(2) OEM+EMS 模式。采用这种模式的中国 EMS 企业原是具有自有品牌的 OEM/ODM 企业,因市场需求下降或产能过剩,或是追求多元化经营,降低企业风险而对外承接部分的电子制造服务。无锡的小天鹅集团作为中国最大的洗衣机生产商,就是典型的 EMS 企业。除生产本企业的产品,小天鹅集团还为日本东芝集团提供东芝牌洗衣机在国际国内市场的 EMS 服务。青岛的海尔也与韩国世元电信签订为期 5 年的 EMS 服务协议。

(3) OEM+ODM 模式。中国大陆目前还没有纯粹的 ODM 企业。深圳创维集团是我国典型的彩电生产商,目前除自行设计创维彩电外,还为国外的合作企业,如日本三洋、三菱等提供 ODM 服务。通过这种方式,创维在国际市场上建立起有效的营销网络,为其自有品牌打入国际市场奠定了基础[113]。

(4) 混合交叉 EMS 模式。中国手机业中,中国大陆 EMS 企业与跨国 OEM/ODM 企业混合交叉合作,获取双方具有市场竞争力的产品设计、技术支持、生产制造及管理支持,达到双赢目的。

由于我国 EMS 还处于起步阶段,业务模式也各不相同,研究适合中国 EMS 产业发展的模式是一个值得探讨的课题,这将有助于我国 EMS 更好地把握产业走向,在国际电子产业体系中占据有利的竞争地位,为我国 EMS 企业的发展提供理论支持和策略导向。

3.3 国内外 EMS 发展的 PEST 比较分析

运用 PEST(Political,Economic,Social,Technological)分析法对我国 EMS 产业发展进行研究,是帮助分析企业发展外部宏观环境的方法,以提高我国 EMS 产业对"外部环境的适应性"[114],实现产业经济的增量发展。PEST 分析因子在企业价值链分工体系中扮演着重要角色。由于 PEST 因子常超出企业的控制,所以常被视为威胁,又被当成机遇。我国 EMS 面临着巨大的市场机会,运用 PEST 分析法,对优秀跨国 EMS 企业进行比较分析,总结其发展经验,能有效地帮助我国 EMS 产业明确有利于持续发展的宏观环境,有针对性地改善决定性因素,以提升我国 EMS 产业在国际市场上的综合竞争力。

回顾国内外 EMS 产业发展的现状，将全球 EMS 产业分工体系分成三大层次，跨国 EMS 产业居于价值链高端的第一层次，占据着国际市场的大部分份额；我国台湾及香港地区的 EMS 产业位于全球价值链的中端，以制造技术提升成为跨国 OEM/ODM 的重要合作伙伴，居于第二层次；我国大陆 EMS 产业仍以大量的低附加值加工组装为主，居于第三层次。国内外 EMS 发展的 PEST 决定因子大致由以下因素组成（表 3-3）。

表 3-3 国内外 EMS 发展的 PEST 影响因子分析

政　治 （Political）P	经　济 （Economic）E	社　会 （Social）S	技　术 （Technological）T
产业政策因素 P_1	市场需求因素 E_1	人力资源因素 S_1	技术更新速度 T_1
竞争机制 P_2	经济增长	收入分布	产品生命周期 T_2
环保制度	利率与货币政策	人口统计	政府研究开支
税收政策	政府开支	劳动力与社会流动性	产业技术关注
国际贸易章程与限制	失业政策	生活方式	能源利用与成本
法律制度	征　税	教　育	电子信息技术变革
政府组织与行为	汇　率	健康意识	产业关联度
政治稳定性	商业周期	社会福利	移动技术变革
安全规定	通货膨胀率	企业家精神	创新技术变革
—	—	—	—

数据来源：参考 www.12manage.com 的 PEST 分析

从对企业发展的众多宏观影响因素中筛选出政治（Political）环境因素、经济（Economic）环境因素、社会（Social）环境因素和技术（Technological）环境因素四个关键因素对我国 EMS 产业的发展进行分析，其中对我国 EMS 产业发展起决定性作用的因子是产业政策因素、竞争机制、市场需求因素、人力资源因素、技术更新速度与产品生命周期[115]。

按照 PEST 分析法，其影响因子可用公式表述如下。

设 $F =$ EMS 产业发展的外部环境

$$F = f(P, E, S, T) \qquad (3-1)$$

$F_x =$ 我国 EMS 产业发展具有决定性的外部环境,则

$$F_x = f(P_1, P_2, E_1, S_1, T_1, T_2) \qquad (3-2)$$

按照对我国 EMS 产业发展有决定性作用的 PEST 因子,对比分析我国 EMS 产业、跨国 EMS 产业和典型的中国台湾 EMS 产业,可以发现其具有决定性的各项环境因素的不同,其主要不同处如表 3-4 所列。

表 3-4 EMS 产业发展 PEST 决定因子比较

跨国 EMS 产业 PEST 分析		跨国 EMS 产业	我国台湾、香港地区 EMS 产业	我国 EMS 产业
发展水平	在全球 EMS 产业分工体系的定位	全球 EMS 分工体系第一层次	全球 EMS 分工体系第二层次	全球 EMS 分工体系第三层次
	掌握核心技术能力	掌握全球 EMS 产业核心技术、产业标准	掌握 EMS 生产、制造关键技术,以制造和研发为重心	以低端的电子产品加工组装为主,缺乏核心技术和产业标准
政治环境	产业政策引导	产业政策完善,集群效应明显	引进、运用跨国 EMS 的高端技术,以模仿为起点,产业政策相对完善	被动纳入全球分工体系,产业政策的引导作用薄弱
	市场竞争机制	竞争机制完善,形成全球制造态势	以促进当地经济发展为主线,形成以制造研发为中心的市场竞争机制	具有极具挑战性的市场契机,但市场竞争机制仍待完善
经济环境	以市场需求为导向	硅谷创新技术推动市场需求的快速发展	采用跟随的模仿策略	被动纳入市场竞争体系

续表

跨国 EMS 产业 PEST 分析		跨国 EMS 产业	我国台湾、香港地区 EMS 产业	我国 EMS 产业
社会环境	人力资源条件	人才自由流动机制完善,形成产学研人才双向流动机制	园区内与周边高校形成全球一体化的创业人才流动机制	高校、研发机构与产业组织人才协同运作能力差
	产学研一体化	完善	在园区内完善	不完善
技术环境	技术创新	国际领先	在模仿中创新	技术创新薄弱,以模仿为主
	承接产品在产品生命周期的定位	引入阶段和成长阶段	成长阶段和成熟阶段	成熟阶段和衰退阶段

对比分析我国 EMS 产业、跨国 EMS 产业和典型的中国台湾 EMS 产业,其具有决定性作用的 PEST 因子可表述为四方面。

(1) 政治环境因素:产业政策因素、竞争机制

欧美 EMS 的诞生和发展离不开美国硅谷经济的成长。1981 年,《圣何塞信使新闻》第一次使用"硅谷"来指称帕洛阿尔托地区,从旧金山向南到圣何塞,大约 100 公里的一块面临太平洋的平坦谷地[116]。硅谷经济被普遍认为是产业界与学术界完美结合的产物。在硅谷新技术产业发育成长的过程中,硅谷的产业界和学术界的合作体制进一步增强,硅谷和斯坦福大学、加利福尼亚伯克里大学、加利福尼亚旧金山大学之间的互动合作关系是硅谷持续成功的实质所在。在高科技产业领域,电子信息产业的集群效应在硅谷更是闪耀着耀眼的光芒。硅谷经济为一系列不断出现的、快速的技术创新和商业化所推动。硅谷的企业家通过大胆的技术创新开拓新市场,从而避免困扰制造商的价格战[117]。EMS 应运而生并发展起来,一度成为引领美国新经济迅速发展的"火车头"。硅谷的高技术创业型公司纷纷采用 EMS 策略,EMS 成为该地区成功合

作的基础与集体学习的创新体制。

与硅谷效应相似,我国台湾新竹的高新产业区的成立效法美国的做法,1980年引进跨国电子信息的高端技术。在发展初期,台湾主要工业技术基本停留在模仿欧美外来技术的阶段。为促进电子信息业的发展,台湾地方政府投入大量的资源并设立有利于电子信息产业发展的产业政策。新竹高新区成为台湾重要的经济开发区,周围拥有台湾电子技术研究院等一批高质量的大学和科研机构,聚集了一批高层次的专业人才。同时,筑波科学城有48个地区级研究机构与教育院所,聚集了众多高水平的研究人才。台湾EMS产业依托良好的产业政策环境和健康的产业竞争机制表现出蓬勃发展的势头,台湾的富士康发展至今,已位居全球EMS之首。

与欧美及台湾地区的EMS相比,我们已经意识到良好的产业发展政策和竞争机制对本土EMS发展的重要性。经济全球化背景下,随着模块化生产技术的革新和电子产业体系的调整,全球企业间和国际的产业分工形式发生了重大变化。中国以庞大的市场、低廉的成本、数量众多的人才及资源优势等有利条件,成为新一轮产业转移的首选之地。引导中国EMS产业集群效应形成,推动产业积极参与全球分工和产业竞争,扶持有利于产业发展的产业簇群、制定良好的产业政策、竞争机制及自有的产学创新机制将成为我国EMS产业实现飞跃发展的重要条件。

"产业簇群是指在特定领域中,同时具有竞争与合作关系,且在地理上集中,有交互关联性的企业、专业化供应商、服务供应商、相关产业的企业以及相关的机构。"运作良好的产业簇群,是迈向发达经济体的根本要求[85]。经济发展的成功,也是产业簇群成功深化与广化的整合结果。产业簇群的形成与经济地理是分不开的,对外导向的产业簇群是引导该地区经济持续成长和繁荣的主要来源[118]。根据商业周刊的全球信息技术百强评比,EMS产业目前是电子产业最具潜力的产业之一。由于跨国 EMS 产业大都在中国设有制造基地，就近寻求配套服务，现中国已形成初具规模的元器件配套行业。中国的本地化采购带给跨国 EMS 产业制造柔性和颇具吸引力的成本优势的同时，也为中国 EMS 产业构建了一个极具潜力的新兴的本地元器件市场，为产业经营产业簇群、获得实质性竞争优势创造了天时、地利。

依靠既有的、发展中的 EMS 产业簇群，行使有利于 EMS 产业簇群成长的政策工具，扩大海外招商引资、自由贸易区、工业园区和科技园的影响力，引导产学研一体化的创新模式，继续改善基础设施和产业环境，扶持本地经济升级，因势利导，经营 EMS 产业簇群，是中国 EMS 产业下一阶段的发展方向[119]。

(2) 经济环境因素：市场需求因素

硅谷发展到 20 世纪 80 年代，孕育着高新技术的硅谷以市场需求为导向通过一系列技术创新推动着电子信息业发展，表现出基础研究、应用研究和技术创新同步并行的新特点，使新的科研成果社会化、市场化的速度大大加快。日新月异的技术创新和需求多样化促使硅谷诞生了新兴的 EMS 产业。EMS 的出现使全球制造、生产运营成为可能，也使跨国 OEM 得以有效利用企业资产，促进成本结构的改革。EMS 所创新的 BTO(Built to Order，接单生产)和 CTO(Customize to Order，接单定做)以及靠近跨国 OEM 终端客户的生产基地为电子产业实现进一步市场扩张开拓了新的经营模式，终端市场的需求成为促使经济增长的重要驱动力之一。

我国台湾新竹 EMS 产业采用跟随的模仿策略。追求低成本和个性化服务的市场需求迫使台湾 OEM 重新制定企业业务流程，以使企业能最高效用运用有限资源，比竞争对手占据更有利的市场份额。以技术型创新应对市场需求的策略使台湾地区 EMS 产业形成以各种零配件、配套资源供应为核心的产业集群，形成良好的竞争格局。台湾大型

OEM产业采用外包策略,使外包市场供需方的竞争日益趋于完全竞争,市场交易费用降低,资源配置效率提高。随着电子制造外包的规模扩大,台湾EMS产业在全球电子市场的份额也越来越大。

硅谷与台湾新竹的成功经验无一不说明,市场需求导向促使新兴产业形成,促使经济增长。中国大陆EMS产业正面临着前所未有的发展机会和来自全球市场的巨大挑战。跨国EMS和OEM产业带来巨大市场机会的同时,市场对中国EMS产业的产品质量、成本、服务水平、交付能力等提出更高的要求。成功应对市场机遇,我国EMS产业才能立足于国际市场,融入电子产业全球分工体系,实现在全球电子产业价值链上从低端到高端的攀升。

(3) 社会环境因素:人力资源因素、产学研一体化

创业人才集聚机制是高科技产业集群成功的基石。高科技含量的EMS产业对新型生产要素资源即具有创新能力的创业人才有特别依赖性,创业人才自由流动是EMS产业创业人才集聚机制的内在要求。硅谷由于建成了面向全球一体化的创业人才流动机制,才使其创业人才集聚机制实现资本积累和配置全球一体化。硅谷完善的人才流动机制包括以下几方面:一是硅谷企业之间人才自由流动机制;二是硅谷与周边大学和研究机构的人才双向流动机制。

台湾地区在2003年前是仅次于美国硅谷的世界第二基地。EMS产业以台积电和联电为代表。台湾的产品设计能力很强,近年来成功地建立了以资讯业为重要出口导向产业,发展至今在全球化电子产业分工体系下已占有重要地位。创立于1980年的新竹园区是台湾的第一科技园,周围拥有台湾电子技术研究院等一批高质量的大学和科研机构,依托周边清华大学、国立交通大学等多所高校的研发力量,聚集了相当一批高层次的专业人才。产学研一体化和最佳的人才配置,推动了台湾地区电子产业的发展和经济转型。

与硅谷和台湾新竹的研发力量相比较,我国大陆也具备一流的研究机构和大学,也拥有教育程度高的科技人才队伍,但我国国内的研究风气和技术开发能力以及国内大学与研究机构的研发成果社会化程度与硅谷、台湾新竹地区相比是较低的;在新技术、新产品研发能力上的差距也是明显的。我国要发展 EMS 产业,带动相关产业的经济发展,必须将产学研一体化;提高研发人力资源的利用率;根据市场需求提高研发机构技术创新的能力;提高构建知识技术共享的交流平台;建立广泛及时的交流制度;与相关企业、大学和科研机构进行合作、建立学习联盟;鼓励人才合理流动;创造一个能促进学习、交流、积累的开放性创新氛围,形成一个能将研究成果应用于社会的,能激发经济效应的知识结构平台。

(4) 技术环境因素:技术更新速度、产品生命周期

硅谷拥有全球最具创造性的高科技产业集群,集聚了上万家高科技企业,其中有 4 000 多家是电子工业公司,电子产品销售每年超过 4 000 亿美元,占全美销售的 40%。这里既是美国袖珍计算器、电子游戏机、个人计算机、无线电话、微处理机的诞生地,也是美国第一块集成电路、硅单晶和现代软硬件的孕育地。全世界前 100 家最大的电子和软件公司有 20% 在此扎根。自 1965 年以来,美国前 500 家成长最快的公司中有 10% 在硅谷。硅谷经济的发展离不开新技术和新产品的诞生。随着集成化电路、SMT 表面贴装技术、信息技术的迅速发展,硅谷正在快速地成为因特网和软件制造公司的中枢神经。硅谷经济也为一系列不断出现的、快速的技术创新和商业化所推动。伴随着日益缩短的产品生命周期,微电子技术、半导体技术和后来的计算机技术的日新月异,硅谷继续充当着世界高新技术产业发展的主角。

台湾的 EMS 产业从微电子和个人计算机的生产制造开始发展,随着微电子技术以每隔 3 年芯片的集成度增加 4 倍来计算,芯片的特征尺

寸每年以约缩小三分之一的速度发展。高度集成化的电子线路和元器件技术应用的数学化使创新技术能被迅速复制，通用元器件的规格也随着创新技术的发展不断更新。越来越快的技术更新速度和越来越短的产品生命周期，使跨国 OEM 产业采用 EMS 的外包策略，满足生产制造的模块化生产以追求高的生产效率和回馈速度。同时，EMS 模块化的生产制造流程使跨国 OEM 产业不仅能满足终端客户高度集成化的电子技术生产，也使跨国 OEM 产业的 BTO 和 CTO 模式得以实现，市场需求得以快速、准确地反馈到全球产品生产制造过程中去，并实现 EMS 企业内的全球资源共享、创新技术同步。

我国被认为是最理想的低成本电子产品制造中心，随着全球电子产业分工体系从"垂直分工"走向"垂直整合"和"水平分工"，由于全球市场激烈的竞争，电子产品价格正逐年下滑、电子产品的生命周期也日趋变短，跨国 OEM 产业将生产与制造业务外包、集中资源以强化其核心竞争力已成为不可逆转的趋势。不论是从市场、文化还是宏观环境来看，以信息技术发展为标志的新技术的发展、个人电脑的发展正带动着我国整个社会经济的迅速发展，整个信息产业经济正处于重新规划、整合的时期。我国 EMS 产业的发展，位于全球电子产业的核心地位，其发展势必在全球电子产业链中发挥更加重要的作用。如何实现进一步技术创新，学习国际先进的 EMS 生产制造和标准化模块技术，研发出适合我国 EMS 产业发展独有的集成化供应链管理模式，这将有利于我国 EMS 产业更好地把握产业走向，顺应市场需求变化，带动周边产业发展，一起实现经济腾飞。

第4章
我国 EMS 产业生态系统分析

EMS 的产业链在相当程度上类似于生物学中的生物链。EMS 产业链环境与生物链环境有着高度相似的成长性、竞争性、环境适应性和周期性等特征,将产业视为一个生命有机体已被越来越多的经济界学者认可。产业系统与生态系统有机体有着本质的区别,在结构与功能方面又具有很大的相似性[42,120]。两个系统的相似性可以用表 4-1 来概括。

表 4-1 产业系统和生态系统的相似性[121,122,123]

相似性		生态系统	产业系统
组成要素		以生物为主体	以企业为主体
结构相似性	要素间的互动性	两个以上的要素各组成部分与环境相结合各组成部分之间相互作用	企业内部,企业间各组成部分与环境相结合各组成部分之间相互作用
	组成的整体性	各生物体构成一个整体	企业各价值链组成部分、政府及自然生态系统构成一个整体
	分布的空间特性	地理范围、空间环境是影响生态系统发展的重要因素	地理范围、空间环境是影响产业系统发展的重要因素
	价值结构的紧密性	生物链	产业价值链
功能		物种流动,生物界能量平衡,价值流通	信息、资源、价值流动,创造社会价值

基于产业系统与生态系统诸多的相似关系,运用生态系统理论的研究方法能为我国 EMS 产业发展带来崭新的研究思路和方法,并促进我国 EMS 产业进入良性的生态循环。

4.1　EMS 产业生态系统要素分析

对我国 EMS 产业而言,重要的是不仅要了解跨国 EMS 产业成长和发展经验,更要了解如何借鉴这种经验获得成功和避免走弯路,并根据我国 EMS 产业所处的生态环境选择符合这种环境的成长战略。这里以跨国 EMS 产业发展为背景对我国 EMS 产业发展的环境做生态学的分析研究,确立对我国 EMS 产业发展环境进行分析的基本框架。根据生态理论,生态系统得以创生和维持具有四项基本要素[124]。

(1) 催化剂,指一些触发生物对外界环境产生反应的外部变化因素。

(2) 养分,指提供生物持续成长的动力。

(3) 环境支持,指促进幼小生物体发育成长的一系列环境条件。

(4) 依存性,指生态系统得以成形的重要原因是这些生物个体相互依存,并作为某生物链的一部分而存在。

4.1.1　催化剂

伴随着新兴 EMS 产业的自然形成过程,一些偶然的催化因素促使 EMS 产业 OEM 的分工体系中裂变出来,成为一个新兴产业并迅速以集群的方式发展起来。在这一过程最初产生的临界点上,某些诱因或催化剂促进新兴 EMS 产业的诞生和成长。

基于企业集中资源壮大核心竞争力的价值链思想,OEM 企业采用外包策略成为推进 EMS 产业蓬勃发展的催化剂,并为我国 EMS 发展带来了前所未有的机遇。自 Gary Hamel 和 C. K. Prahaoad(1990)在哈佛商业评论上首次发表《企业的核心竞争能力》一文后,核心竞争能力理论形成,价值链理论得以不断更新。Michael E. Porter 于 1985 年正式提出价值链思想,认为企业应集中资源获取核心竞争能力,选择适合的合作伙伴,将企业非核心部分交给合作伙伴来完成,优化价值链上资源配置和利用效率。此后,外包理论成为企业获取核心竞争优势的重要策略。OEM 采用外包策略使电子工业中众多的生产制造部分交由某几家 EMS 企业,使制造更加灵活,更易达到规模经济效益,也能适时满足世界各地客户的需求。社会化分工促进电子产业进行全球性结构调整,EMS 产业也成为在美国经济中发展最为迅猛的新兴产业。全球第一家 EMS 公司,Samina-SCI 的成立和发展及众多 EMS 企业与 OEM 企业联手合作的成功案例,使 EMS 企业与 OEM 企业的合作成为电子产业体系重要的结构性改革。

2007 年,跨国 EMS 巨头年销售额增长速率在 25% 以上,位居全球电子产业销售榜之首。电子产业分工体系的结构化调整和中国本身的低成本优势成为引发跨国 EMS 企业入驻中国的催化剂。全球各大 OEM/ODM 企业几乎都能在中国找到外包 EMS 的合作企业。著名的跨国企业如联合利华、惠普、戴尔、福特、IBM、通用等不仅将企业生产制造部分全部交由在中国的 EMS 企业代工,并借 EMS 企业的供应商管理,将中国纳入其全球供应链网络中,以持续寻找和开发具备国际竞争力的中国制造供应商进行长期战略合作,从而谋求在全球市场竞争中的领先优势。

4.1.2 养分

EMS 产业最早自硅谷发展起来,得益于硅谷世界一流的研究型大学和高技术产学创新集群组织。硅谷著名的加利福尼亚州的研究型大学，如斯坦福大学、加利福尼亚大学等及一些优秀的研发机构，与硅谷当地 EMS 企业建立的互动合作关系，使硅谷 EMS 产业获得了自我完善的能力，为 EMS 产业发展提供众多的研究人才，也带来全新的技术成果和理论支持。

跨国 OEM 产业和 EMS 产业转移生产制造基地，为中国带来国际先进的管理理念和管理人才，但培养中国大陆化的管理人才，建立合理的人力资源体系，保证 EMS 产业拥有持续的供应链管理提升能力仍是中国 EMS 产业发展所必备的营养体系。构建有利于中国 EMS 产业发展产学创新集群、持续繁荣的学习型产学研一体化模式，建立中国各著名学府与 EMS 企业之间良好的互动合作关系，引导产学创新机制形成自我维持和完善的能力，不仅能从全球吸引杰出人才，而且由中国各大高等院校、研究所输出的符合 EMS 企业需求的优秀毕业生，而因此建立的中国 EMS 产业产学创新集群也将成为全球各大研究型大学和国外毕业生输入的重要网点。

目前在中国的跨国 EMS 企业生产制造基地中，高端技术和研发人才仍有 70% 以上是国外引进，国内各大高校所输送的技术人员多数仍居于企业中、低端生产链上，国内人力资本多数只是从事低端的电子或集成电路板组装任务，人力资本的附加值低，仍是劳动密集型的生产运作。

建立产学研联盟，将中国高校杰出的研发力量与 EMS 产业发展的需求相结合，校企互动，培养具有创新活力的专业技术领域的人力资源，积累、培养 EMS 产业发展的营养源，才能使中国 EMS 产业发展摆脱低附加值的特性；确保优质、持续的人力资本流入，才能确保中国 EMS 产业发展具有充分的营养，从而拓宽产业发展之路，使之具有更为宽广的发展前景。

4.1.3 环境支持

生物体的成长需要适合的具有保护性的环境来应对瞬息万变的自然条件变化,以确保生物体能健康成长,生态链形成自然的良性循环。我国 EMS 产业的发展也需要一个良好的支持性外部环境,包括产业集群的基础设施、良好的投资环境和鼓励创新的合理机制三方面。

良好的产业集群通过专业化分工协作而相互关联的企业与机构,形成上中下游结构完整、外围支持产业体系健全、灵活性的类似于生物体生态系统的产业群体[125]。产业集群有利于企业获取规模经济效益、促使专业化形成、学习型组织和创新环境的形成、提升专业技术能力并在更大范围内达到产业内资源的优化配置。企业相对接近的地理位置,不仅为企业带来地域优势,也方便信息的交流和互换,加快创新在产业组织内扩散和流通速度。产业集群内人才创新所需的高素质人才和大量的资金供给也因自由流通而促进了人才和资金在各企业间的流通,从而减少了企业的创新成本和创新难度并分担了创新风险。

促使我国 EMS 产业集群、发展的支持性环境主要包括三个方面。

(1) 支持产业集群的基础设施,良好的信息资源整合平台。建立一流的通信设施和数据交换平台,支持虚拟企业和虚拟物流交换平台,运用因特网、电视会议、电子数据交流等电子技术,支持在全球化经济趋势下实现资源信息交换,这些新技术是我国 EMS 有效开展工作并与产业链上国内外合作伙伴保持数据同步的重要辅助工具。

(2) 良好的投资环境,完善的物流、交通、网络服务平台。在拥有通信公共设施和基础设施的同时,运用各研究型大学的研发力量,开发适用于我国 EMS 产业需要的具有特殊效用的基础设施和电子信息交换设施,鼓励产业集群内各企业自由交流创业经验,激发创新。

(3) 鼓励创新的 EMS 产业创新体系。促使我国 EMS 产业创新集群的成长还需要建立成熟的行政、文化体制,建立适合的政策、法律框架,为我国EMS产业发展营造产业健康成长的支持性环境。我国EMS产业构建产业创新体系,应将我国研究型大学的研究力量作为创新源,以EMS企业为创新主体,实现企业间平等互惠的交流与合作;凭借政府在我国EMS产业创新体系中的组织、建设和维护功能,通过法律、经济和组织管理手段,引导形成在企业管理制度、运作环境和发展策略层面的EMS产业创新体系,刺激产学研一体化的形成,鼓励协同创新。

4.1.4 依存性

我国EMS企业也正如生态链上进化的生物体,EMS企业与产业链的依存性很高。良性发展的EMS产业集群,为EMS企业发展提供了更为优越的产业链生存环境,企业获取生态规模并保持平衡发展[126]。企业规模达到一定程度后,企业的经济效益出现边际收益递减现象。界定合理的企业运营边界,使企业充分发挥比较优势,采用适合的外包策略,将企业运营中低附加值部分交由产业链上其他企业生产制造,使产业链达到高度整合、协同运作的要求。

随着国际分工格局的重新部署,EMS产业由OEM/ODM产业内分工裂变而形成(图4-1)。EMS产业的出现,形成全球性生产制造网络,促使产业间发展以纵向分离和协同运作为重要特征,强调产业链上企业

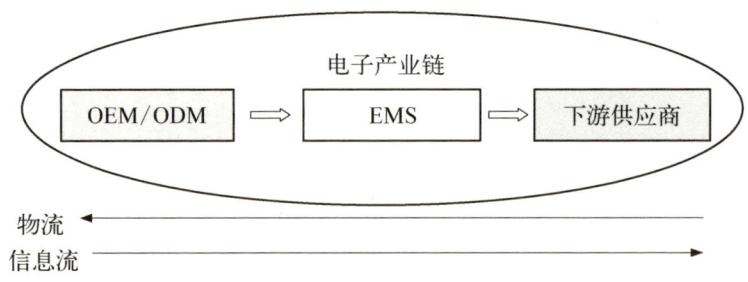

图4-1 EMS在电子产业链的位置

间的无缝隙协作。我国 EMS 企业的成长,是对外界环境变化及全球 EMS 产业链体系变化的适应过程。产业环境的变化,引起 EMS 企业内外的不平衡。一是 EMS 企业与其生存的产业环境之间的不平衡;另一是 EMS 产业系统内各合作伙伴之间的不平衡。企业对产业系统和外界环境的依存性决定企业是否具有适合其发展的生存环境,而产业系统内各企业间的依存性决定企业是否具备进一步成长的条件,构建鼓励横向互动、协同发展、相互学习的企业间关系,创建高度合作、相互依存的产业链环境,对 EMS 产业创新集群的形成和我国 EMS 产业发展有着积极的作用。

我国 EMS 产业发展对 EMS 产业环境的依存性主要表现在四个方面。

(1) EMS 企业与其合作伙伴,上游的 OEM、ODM 和下游的零部件供应商的纵向联系。

我国 EMS 产业发展对产业链环境的依存性取决于 EMS 特有的组织结构。众多 EMS 企业因其独特的以核心生产制造技术发展起来的特性决定 EMS 组织的扁平化和以团队为基础的企业组织结构。这种专业化的组织结构要求 EMS 公司与其合作伙伴形成更紧密的团队关系,企业也多采用开放性的团队结构,以期能与客户和供应商形成互动协作,实现实时资源共享,使纵向产业链上的合作伙伴联系更加紧密,对市场、终端客户需求的反馈更为敏捷。

(2) 我国 EMS 企业与其竞争对手的横向联系,主要表现为与跨国 EMS 及港台 EMS 等占据目前市场优势的核心 EMS 企业之间的联系。

我国 EMS 产业发展与其竞争对手的横向依存性表现在对 EMS 先进的生产制造技术、管理技术的学习能力和对全球供应链资源、人力资源及终端市场等资源的共享能力。以目前跨国 EMS 企业为例,一家 EMS 制造技术、管理方法的创新,将以飞快的速度传播至产业内其它企业。EMS本身所具有的快速反应能力也决定了对新技术、新管理理念的迅速回馈。我国EMS产业发展目前仍处于起步阶段,仍着重于低端的集成线路板组装业务,与跨国EMS等先进EMS企业有着较大的差距。建立与跨国、港台EMS企业的横向联系,利用本土资源参加全球市场竞争,提高我国EMS产业发展对全球EMS产业的依存性,能迅速有效地缩短与跨国EMS企业在技术水平、服务水平和管理水平上的差距,培养调动全球资源的能力以在全球竞争中获取更强的国际竞争力。

(3) 我国EMS企业之间的相互扶持和依存。

我国EMS产业因各EMS企业归属于不同地区、区域,尚未形成一定规模的产业联盟。同类企业跨不同省市、地区,因地区外围环境、通信设施、政策法规等因素的制约还未能做到资源与信息共享,EMS企业与企业间的横向依存性相当低,有待进一步改善。企业间的依存性越高,越易形成产业联盟或集群。集群内企业由于联系紧密,拥有产业发展的最新生产能力,并可在产业内部按需求合理配置资源以达到规模经济和资源优化。同时,创新的技术、管理模式也会快速地在产业联盟内传播。

(4) 我国EMS企业与高等院校、研究型大学、各大电子产业研究所之间的互动合作。

EMS创新技术离不开研究型大学、研发机构的强大智力资源整合能力。吸引在一定技术领域的专家,针对中国的生产制造技术和人力资源特点,研究出适用于中国生产基地的生产运作流程,使企业在中国工厂生产制造的产品达到在其他制造基地一样的质量与技术标准。与我国高等院校、研究机构建立产学互动机制,营造拓宽教育和经济交流的社群网络,将促进我国EMS产业创新集群中创新主体其他部门拓展,并允许它们在某种程度上共享并促进集体学习和横向合作[127]。产学互动机制也将成为知识创新和技术创新的连接点,成为我国EMS产业产学创新可持续的源泉。

4.2 我国 EMS 产业生态系统发展特性分析

中国成为全球制造中心和热点市场以来,我国 EMS 产业发展面临着前所未有的市场契机,成为这一全球产业转型中的重要枢纽。我国 EMS 产业发展因其内部机制和外部环境的变化,初步表现出标准化、不平衡化和多元化的特点。

4.2.1 标准化

EMS 产业的创始是基于集成化的大规模生产制造为 OEM/ODM 带来的经济效应。EMS 技术主要依靠表面贴装技术(Surface Mount Technology,SMT)和通孔焊点技术(Pin Through Hole,PTH)实现电子元器件的自动装配。随着 SMT 和 PTH 技术的纵深标准化发展,我国 EMS 产业的发展也呈现初步标准化的态势,具备生产流程化、管理模式化的特点。

面对跨国、港台 EMS 企业的强大竞争压力,我国 EMS 企业在学习国外先进管理经验的同时,引进一定规模的专业 EMS 企业专用的先进 SMT 生产线,并引进 BGA、CSP、Flip Chip 等先进元器件组装技术和设备,培养了技术素质全面的 SMT 专家和工程技术人员组成的技术队伍,参考跨国 EMS 企业的生产、工艺流程,从事 SMT 工艺技术、生产应用技术的研究和开发,具备快速反映市场和客户需求的能力,并提供给客户全方位而多元化的专业电子制造服务。同时,基于跨国 OEM/ODM 的品质需求,我国大多 EMS 企业力争通过 ISO9002 和 ISO14002 质量管理体系,确保提供品质一流的产品和服务。其生产、质量和管理均具有标准化、模块化发展的特点。

跨入全球竞争体系后，我国 EMS 产业初步呈现流程、采购和管理一体化三大特点[119]。

(1) 流程一体化

运用流程一体化战略，EMS 以全球市场战略为基础，确定最优生产地点、最优流程布置及其全球布局，将同样的设备、技术、资源、人员配置在不同的国家或区域，实施同样的生产制造流程和改善，达到资源利用的最大化、成本的最小化和产品质量的最优化。当客户需求在不同的终端市场上改变，或不同国家因为政治、经济和法律的因素导致贸易壁垒的改变时，EMS 可以迅速地转移生产基地，充分发挥各个国家或地区的优势，避开劣势，并提高对终端市场需求变化的反应速度。流程一体化也有利于新技术在各个分公司或产业内各企业之间的迅速传递。

(2) 采购一体化

EMS 因为从事为 OEM/ODM 代工的电子制造服务，原材料成本占据最终产品成本的 85% 以上。全球采购协同的运用，帮助 EMS 在全球范围内取得最优采购价格、最短的交货时间和最佳的贸易条款。准时供货系统(Just In Time, JIT)、弹性加工制造系统(Flexible Manufacturing System, FMS)、供应商实时库存(Vendor Management Inventory, VMI)等新的采购协同管理方法的运用，使 EMS 可以加强跨国集团对各不同区域内的子公司和外部供应网络的统一管理，使一体化战略得以顺利实施。全球采购协同使 EMS 实现全球范围内的供应链资源共享，避免因一国的外汇风险、进出口限制而影响 EMS 的物流供给。

(3) 管理一体化

全球管理一体化影响到 EMS 运作的众多方面，包括：全球组织架构建立、全球人力资源管理、全球需求管理、全球研发管理以及全球质量体系的建立等。全球组织架构的建立和全球人力资源管理，可以使组织保持相同的动态组织架构，使 EMS 可以按客户需求在全球范围内调配管理人员,从而使工作团队具有高度的灵活性,能随客户需求变化而改变,也使来自不同国家的管理人员能很快融入当地的团队中,便于工作的开展。对需求变化快速做出最适当的反应是 EMS 产业赢得市场份额的关键。全球需求管理、全球研发管理和全球质量体系的确立,使公司可以在不同的研发地点按客户需求研发、生产制造符合国际质量标准,并兼容东道国质量标准的高质量产品[128]。

4.2.2 不平衡性

我国 EMS 产业发展的不平衡性,指 EMS 产业发展过程中出现的时间和空间分布的跳跃性;地域分布上的非均匀性;各类 EMS 企业生存能力的差异性和 EMS 企业人力资源流动性。

(1) 我国 EMS 产业集群的发展随着技术创新的推进呈现位于发展不同层次的集群组织,呈跳跃性发展的势态。20 世纪六 70 年代,在微电子技术、半导体技术成长阶段,外包是在电子产品生产制造中常用的加工方法。我国 SMT 技术最早是在电视机高频头生产中得到应用,随着家用电器、计算机和程控交换机的发展,SMT 技术开始广泛应用到通讯、计算机、汽车制造、航空航天、民用电器、仪器、医疗器械等领域。到 20 世纪 80 年代,计算机技术发展年代,我国众多工业企业、科研院所等单位都引进了 SMT 生产线。规模大小不一,技术水平参差不齐,既有自动化程度很高的 SMT 自动组装生产线,也有自动化程度较低的生产设备,同时也包括大量人工操作的桌面式单台设备。由于多头引进、重复引进和引进资金的不足,没有形成具有世界先进水平的、具有规模经济效应的一流生产能力。我国许多 EMS 企业的 SMT 设备利用率很低,甚至常年闲置。企业的技术、生产及制造水平也明显落后于跨国 EMS 企业。发展至今,随着计算机网络技术、硬件和软件突变出具有创新技术的新型 EMS 产业,除在各自的领域内继续扩大业务规模,我国

EMS产业也呈现出各不相同的跳跃性发展势态,以成立合资公司、OEM/ODM剥离或转型、OEM+EMS或ODM+EMS等各不相同的运行方式在不同的产品行业、不同的区域环境、政策环境继续发展。20世纪80年代末、90年代初,我国出现了没有自主品牌的专业外包SMT加工企业,为品牌OEM/ODM生产企业加工集成线路组装板,从来料加工到包料包工生产,发展至今,已包括制造前产品设计、印制板组装件测试、产品组装测试、产品包装及售后服务在内的OEM贴牌生产,形成一些能够承接国内外OEM/ODM加工、生产和制造订单,能参与到国际电子产业链和国际竞争中的EMS企业。

(2)不平衡性指我国EMS产业发展产业集群系统在地域分布上的非均匀性,也是指我国EMS产学集群系统中各个创新主体的生存状态和生存能力变动不均衡。我国各大高校与EMS产业的产学创新联盟还为数不多,我国EMS企业只与少数研究型大学建立创业联盟,技术创新仍不能覆盖大部分地区。因技术创新大部分就是由集结在EMS企业周围的高技术研究型大学及创业型公司推动的,企业发展仍具有一定的地域性,由EMS产业带动的经济发展在不同地区、不同区域之间仍表现出相当的不平衡性。高技术创业型EMS公司的激增将是我国EMS产业成功地适应经济全球化的最明显标志,它在各不同地区、区域间的不平衡性成为当前我国EMS产业发展的一个重要特点,也是我国EMS产业实现系统化可持续发展亟待解决的一个重要问题。

(3)不平衡性还表现在我国EMS产业发展系统中的人力资源与风险资本在流向上的变动不均衡。我国EMS产业发展集群系统中人力资源与风险资本常常优先进入代表新一轮技术创新潮流的优秀EMS企业。在经济全球化的发展态势下,优秀技术、管理人员在不同企业、产业间的流动容易造成地区的产品、工艺、管理和组织创新发展的不平衡。拥有优秀的人力资源和技术创新人才,成为该地区重要的技术、管理创新推动力。资本、信息和人力资源的流入，众多国内外素质要素的交流互动使我国 EMS 产业发展处于不平衡状态和不断地调整变化之中，使许多创新观念得以产生，促使我国 EMS 在不平衡的大环境下达到动态的平衡。

4.2.3 多元化

2006 年我国电子信息百强排名中的成功企业有着共同的特点：顺应全球经济发展态势，调整产品结构、推行多元化经营策略；走出国门，打造国际品牌；在为跨国公司提供 EMS 服务中学习并获得利润；改变企业业务流程方式，运用标准化、模块化的管理模式，构建快速反应的价值链；与跨国 EMS、OEM/ODM 企业合作，加大我国 EMS 产业在研发和技术创新的投入等，我国 EMS 产业发展，呈现出多元化发展的势态。

(1) 主线初现的多元化产品战略

分析我国电子百强中利润增长最快的前几家公司的产品线，可以看出它们在多元化产品策略上的差异和特点。海尔的多元化的策略从消费者的角度考虑，多元化经营的成功关键在于每一个新领域中的执行能力。联想的多元化策略是运用 IT 技术，将各类业务按其发展潜力及阶段分为核心业务、成长业务和种子业务三层架构。厦新则是沿着产品多元化的发展方向切入。

(2) 国内外市场拓宽的多元化发展

我国 EMS 企业除积极拓宽国内市场，在海外市场扩张中还采用了不同多元化发展策略，以建立国际化品牌，实现全球化运作。海尔集团自 2000 年就选择了多元化发展的策略与跨国 EMS 企业短兵相接，并在海外投资建厂，以建立我国产品的自有品牌拓展国际市场。发展至 2002 年，海尔投资的海外 13 座工厂即全线运营，实现海外营业收入达 10 亿美元，品牌进入全球白色家电前 5 名。与海尔直接投资建厂所不同的是,TCL、华为通过并购、合资来进军国际市场。2002 年 TCL 宣布全面收购德国施耐德电器公司,包括施耐德旗下的商标、生产设备,还有其研发力量、销售渠道和存货,成功实现低成本海外扩张策略。发展到 2007 年,我国 EMS 产业多元化策略越演越烈,各 EMS 企业据企业本身的优势选择最佳的多元化优势以提升企业的综合竞争力和在海外市场的市场地位。

(3) 多元化供应链前向、后向整合策略

我国 EMS 产业的供应链管理也处于多元化发展的态势。海尔运用了价值链管理模式,将原来各事业部的财务、采购、销售业务全部分离出来,整合成商流推进部、物流推进部、资金流推进部,实行集团内的统一采购、营销和结算;将原来的职能管理资源整合成按最终市场需求生产的业务流程。联想由按库存生产模式实现了按订单生产模式的转变,采用了安全库存结合按订单生产的方式,推行 JIT 采购,提高库存周转率。华为在与联想的联手协作中,加大信息化投资,导入供应链系统,以提高管理效率。我国 EMS 企业的供应链方案随着企业整体发展策略的重心变化而呈现多元化发展的局面。

4.3 我国 EMS 产业生态系统集群效应分析

随着我国 EMS 产业的不断升级和技术创新的不断突破,我国 EMS 产业与周边高等院校的研发力量相结合,形成了高技术创新的分散的、非集中化的产学集群。尽管我国 EMS 产业在各个地区的发展处于不平衡状态,但在产业集中地区,在诸多 EMS 技术创新型公司的带动下,我国 EMS 产业在某些电子产业集中地区还是形成了技术实力雄厚和工艺设备完善的产业集群。

著名经济学家阿尔弗雷德·马歇尔最早提出集群概念,"从某种意义上讲,产业聚集优势要比各企业部分聚集优势之和要大。当一个聚集产业的临界质量形成后,它就会随着时间的推移触发出循环性累积优势[129]"。德国工业区位经济学家阿尔弗雷德·韦伯从工业区位论角度阐释了产业集群的现象[125]。他认为集群分为初级和高级两个阶段:初级阶段企业通过自身资源集聚、扩大规模而实现集聚;高级阶段则是相关企业通过互动协作形成企业组织,形成地区工业化的集聚。哈佛商学院的迈克尔·波特从企业竞争优势的角度提出了产业集群理论,认为一国具有竞争优势的行业往往是那些彼此联系紧密形成集群的那些行业,企业集群化是获得持久竞争力的重要来源。集群中企业与企业之间、企业与研究型大学等研究机构之间的双向交流与政府的支持有助于集群成为产业发展的动力[50]。我国 EMS 产业发展的集群效应有五个特征。

(1) 生产制造集聚初步形成

我国 EMS 产业大多仍处于全球产业链的低端,为跨国 OEM/ODM 产业提供产品的生产制造,按需销售至全球市场。在跨国 OEM/ODM 产业的带动下,我国 EMS 产业集聚了一些技术实力雄厚和制造设备完善的 EMS 产业集群。跨国 OEM 企业在中国建立生产基地,往往会寻求中国知名企业为其提供 EMS 生产制造服务。中国著名企业海尔、小天鹅等都在拥有自有品牌产品的基础上,又为跨国 OEM 企业提供 EMS 服务,借助跨国资源是我国企业拓展全球市场的一条捷径,也为我国 EMS 产业培养了一批专业技术人才,积累了技术创新的人力资源。

(2) 出现为 EMS 产业提供专业服务的集群

随着我国 EMS 产业多元化的发展势态,市场需求推动了经济发展,出现了专门解决 EMS 产业技术行业问题的服务业集群:市场咨询公司、公共关系公司、产品认证公司、电子元器分销业和风险投资业等。

跨国咨询业、风险投资业在我国的投资，使我国EMS产业发展不仅能获取大量的咨询信息，而且也为我国EMS产业分享国际EMS产业先进的技术预测信息提供了一流的沟通平台。跨国律师事务所的介入也随着我国EMS产业的成长而涌现，为我国EMS产业提供了与国际接轨的知识产权、贸易法等各类特殊服务，培养了发展灵活、富有创新性的产业文化。

（3）产学创新机制处于启蒙阶段

我国各大高校、教育和研究机构随着EMS技术创新、管理创新的需求不断成长，SMT技术、半导体计算机系统、软件技术、超微元器件焊接技术、电子工程技术等都成为高校最新开设的学科，形成以研究型大学为核心，面向企业技术创新的教育、科研、开发集群。各大高校不仅为我国EMS产业培养了大量人才，也积极参与EMS产业的活动中。各大高校甚至走进知名EMS企业，实地开设研究课程，为企业发展提供具备创新思想的人力资源解决方案。我国EMS产业与各大高等院校的互动协作为创建我国产学创新机制打下了坚实的基础。可以预见，产学创新机制和产学协作集群的形成将有助于增强EMS产业创新结构的弹性和适应性，不同层次的校企合作为建立我国EMS产业发展的产学创新机制建立了基本体系，促使EMS产业创新集群各协作方通过相互竞争与合作获得技术创新的各种资源和动力。

（4）集聚效应伴随着知识、技术创新

由于知识的溢出效应，集群成为大量市场信息、技术信息和竞争情报集中积累和流动的地方，这种群体优势是集群以外孤立企业享受不到的。在集群中，专业人员和技术人才的汇集还会产生强大的溢出效应：最新技术、专业知识及新的管理方法的流动，使产业内多个企业通过交流达到思想与技术的融合与集成，这正是技术创新的源泉。我国EMS产业在融入全球产业分工体系的同时，也赢得了这样的群体集聚效应。

利用赢得的技术与管理知识,为我国 EMS 产业发展创建了良好的创业环境与创新氛围。

(5) 价值链协作集群取代传统供求模式

EMS 企业和所合作的 OEM/ODM 企业以及下游供应商在决定外包生产地点时常用产品总体成本来考虑,一般会选择在贴近消费市场的地点选用合适的 EMS 企业,这些合作伙伴在地理上的接近促使产业集群的形成,也使集群成员间竞争激烈,但也带来了生机和活力。要维持创新主体之间的合作,加快技术与市场的不断联合,各合作主体之间需要持续的接触与充分的相互信任。价值链协作伙伴之间的集群协作取代了传统的供需合作关系。

4.4 完善我国 EMS 产业生态系统建议

我国 EMS 产业集群发展时间不长,科技创新基础不高,仍处于摸索前进的阶段,各类不同企业也根据自我发展的不同阶段,制定不同的发展策略,企业间、产业内的集群效应还不明显,也没有形成相当规模的产业组织,仍面临着诸多问题。

(1) 强化我国 EMS 产业发展的动力机制

我国 EMS 产业被纳入全球分工体系,主营业务仍以组装和来料加工为主,很少拥有自主的知识产权。产业发展也只依托中国具相对成本优势的土地、人力资源,产业集群内的企业专业分工和协作性较差,多数 EMS 企业无法独立完成从基础科研、开发、设计到产品制造、销售的全过程,仍需要依托跨国 EMS 企业或跨国 OEM/ODM 企业进行分工协作,使得我国 EMS 产业集群对集群区外部企业的吸引力减弱,制约了集群规模的迅速扩大。我国 EMS 产业应借助跨国 OEM/ODM 的全球供应链网络,强化发展的动力机制,构建有利于我国 EMS 产业快速发展的环境因素。

(2) 产业规划需避免区域发展重复建设

EMS 产业发展,由于其产业辐射性强,能带动上下游合作伙伴共同发展,对各区域、地方经济带来的巨大收益,我国各地政府竞相把 EMS 产业发展作为各地区经济发展的重要支撑,在京津地区、长三角地区和珠三角地区等已初步形成产业集聚的现象。在产业规划中,特别是在光电子、集成电路、软件等方面要形成有利于产业成长的环境,建立完善的信息资源整合平台,避免多地区、全国性无序竞争、重复建设和内耗加剧的现象。

(3) 提升制造、研发力量,立足自主创新

由于全球 EMS 产业体系的分工调整和中国的低成本优势,我国自 2000 年后制造力量明显加强,企业的硬件投入明显高于软件和其它投入。在软件、服务、咨询、信息平台维护等方面的投入比例明显偏低,难以形成具有自我创新能力的市场格局。我国 EMS 产业发展除了外部支持性的环境,产业内企业主体要形成自主创新,形成产学研一体化的格局,将产品市场定位在以国际市场为主,提高产品国际竞争力和产品技术创新能力。

(4) 形成有利于中小 EMS 企业创新发展的支持性环境

我国本土 EMS 企业在引资与大规模生产制造方面取得了成功,但中小型企业创新发展的成功案例较少。我国对中小型 EMS 企业提供的融资环境、政策环境不理想,中小型 EMS 企业要实现自我提升,实现技术创新还面临着相当的融资困难,需要政策扶持。在现有的 EMS 产业集群中,中小型企业仍停留在提供"三来一补"的加工制造服务上,与集群中其它支柱企业没有技术、资金、资源上的联系,对产业集群的建立与完善作用甚微。政府加强对产业发展的支持性政策落实,形成有利于

持续创新的发展环境,对我国 EMS 产业发展至关重要。

(5) 形成层次分明的产业发展战略,提高产业依存性

跨国 EMS 产业都制定了明确的发展战略,各国政府在 EMS 产业发展的不同阶段亦采用不同的导向性政策指导。我国目前 EMS 产业仍处于初步形成的发展阶段,没有形成网络性、关联性强的产业体系,EMS 产业集群整体竞争力也弱。为我国处于不同发展阶段的 EMS 企业制定不同的发展战略,规划产业发展的主线,引导具有创新能力的产业集群的形成,使我国 EMS 产业发展具有 $1+1>2$ 的协同效应,产业内部各企业实现协同发展,促进我国 EMS 产业的系统化发展。

实现 EMS 产业生态化运作可以优化产业结构体系,优化产业链内部资源配置。同时,在我国 EMS 产业发展研究中,引入生态理论的研究方法,对研究中国 EMS 产业的发展环境、探索企业增强竞争力所必需的环境因素都有相当的益处。这不仅关系到我国 EMS 产业及相关产业发展的方向,而且也为中国政府培育适合我国 EMS 产业发展的大环境、协调 EMS 产业和相关电子产业的协同发展、提供实现长远发展的支持性环境、增强我国 EMS 产业在国内外市场上的综合竞争力提供思路与对策。

第5章
我国 EMS 产业发展动力系统分析

从产业发展理论看,一个产业具有发展的机能,表明该产业是具有自我调节、协同组织和进化能力的系统,该系统具有开放性、适存性、协同性、自我平衡能力和目标激励的特性。产业发展,需要动力系统的支撑。本章研究构建我国 EMS 产业发展的动力系统结构框架,从企业层面、政府层面、产业层面等角度,探讨如何增强我国 EMS 产业的发展合动力,推动其加速发展。

5.1　EMS 产业发展的理论基础

研究产业发展的动力系统问题,离不开其依据的理论基础。跨国电子制造企业,横跨电子制造业的诸多领域,随着创新技术的日新月异和产品生命周期的日益缩短,正快速地收缩自行设计和生产领域,将主要精力转向核心业务。跨国制造企业策略的转移在全球制造业中产生了大量的专门化生产制造服务商,使得生产制造、服务与客户之间的产品价值链发生异化,伴随着多样化的制度创新及其在不同经济中的实践,制造业全球化垂直分离趋势日益加速,这样的产业分工离不开外包理论、生命周期理论的支持。在外包活动中,产业链上的生产组织方式是垂直分离的[130](吴福象,2003),形成独立的专业化 EMS 产业,产业的发展离不开内部的激励机制。在构建我国 EMS 产业发展动力系统结构之前,我们对外包理论、生命周期理论和激励理论在 EMS 产业方面的文献作一回顾。

5.1.1　外包理论

全球化分工及产业体系的垂直分离,是 EMS 产业形成和发展的驱动力。在各类外包方式中,电子产品的生产制造外包是最普遍和最成熟的模式之一。产业发展采用外包理论,获得在成本、组织管理绩效[131]、技术能力发展、品质要求、汲取全球资源等各方面的优势。

OEM 产业将其生产制造环节外包,交由 EMS 产业管理有市场力量及技术能力两个基本因素[132](Gupta U. G.,Gupta A.,1992)。Winkleman et al.(1993)在此基础上进一步增加了成本和组织对管理业务的战略转移两个外包驱动因素[133]。随后,Beulen D. B.,Ribbers P. M. A 和 Roots J.(1994)综合分析外包的动因,提出外包的质量、成本、财务、核心业务及合作五大动因[134]。Boyson S.(1999)提出了最重要的五个外包战略及战术动机,认为外包动因主要注重于改善业务重点、取得全球竞争能力的途径、加速企业重构的利益优化、共担风险以及为企业其他用途腾出资源。OEM/ODM 产业采用外包策略主要基于降低并控制运营成本、提高资本可得性、现金流,以及获取内部难以获取的全球资源与功能活动等方面,EMS 专业化的生产制造及服务功能是处理这类内部问题的最佳途径[135]。

最初提出的 EMS 产业驱动力包括:① 没有制造设备的新兴企业,在 PC、网络、通信等领域渐次崭露头角,市场份额增大,寻求专业的生产制造服务;② 传统的垂直综合企业为保持自己的竞争实力,把公司内部的制造部门有意分离出的逐渐增多(邵虞,2002)。PC领域中的Dell就是利用SCI和Solectron的供货而开展其特有而大获成功的直销经营模式[20]。之后增加了六大驱动因素：成本；资源集约；基于产品开发周期的缩短；降低企业经营风险；获取全球范围内的制造支持以及改善OEM本身企业的财务绩效[19](杨依依,2004)。EMS产业形成的驱动力是三种力量的作用：运输、通信和数据处理技术的巨大进步；国际经济自由化浪潮日益高涨，各国纷纷改变经济政策，减少贸易壁垒，大力吸引外国直接投资以及全球价值链地理布局的改变及供应链管理竞争的加剧[31](李怀政,2005)。外包理论的发展,成为EMS产业诞生最有力的理论支持。

5.1.2 生命周期理论

Theodore Levitt(1965)首次提出产品生命周期(Product Life Cycle,PLC)的概念[136]。生命周期理论认为产品从问世到退出市场,分为4个不同阶段,产品生命周期各个不同阶段对产品的市场占有率具有不同的影响。

将产品生命周期理论引入对产业发展的研究,从生态系统理论的角度分析产业发展的规律。在产业发展过程中,任何一个产业都经历了成长、成熟、老化和死亡等生命阶段,并在不同发展阶段表现出不同的特征。同样,企业发展也遵循了同样的规律。管理学家伊查克·麦迪思(Ichak Adizes),通过对数百家企业的调查分析,提出了企业生命周期的系统性理论,认为企业发展到一定阶段,采用适合的发展战略,可以使企业的生命周期延长。他所提出的企业发展的生命周期理论及在微观层面上如何引导企业持续发展对我国EMS产业的发展具有一定的借鉴意义[137]。

EMS产业生命周期过程分成四阶段(图5-1)。产业诞生的引入阶段,产业具有较大的活力,但产业的组织系统不完善,生产规模小,盈利水平低,产品品种单一;发展到成长阶段,产业的综合实力逐步增强,产业具有一定的市场占有率,增长速度迅速提高,实力逐步增强;进入成熟期后,产业达到大规模生产的经济效应,市场占有率、产品品质、销售渠道趋于成熟,产业进入发展的成熟阶段,盈利水平达到高峰但增长速度放慢,创造力和冒险精神减退,组织活力显得不足;产业运营机制成熟,如果缺乏新的创新思路,面对市场竞争的加剧和产业竞争力的减弱,产业发展进入衰退阶段,产业的竞争优势慢慢减弱,走向衰老和消亡,进入生命周期的最后阶段,此时出现新的竞争对手,产业结构进入分离和重组阶段,形成新的产业,循环开始新产业的引入阶段。

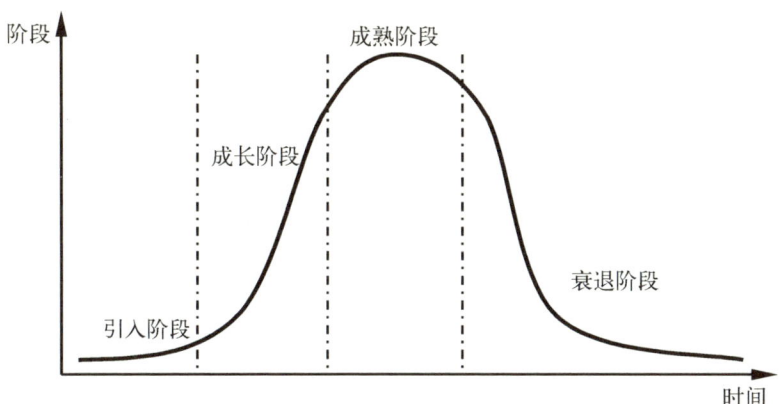

图 5-1　EMS 产业生命周期

信息来源:http://www.12manage.com/methods_product_life_cycle_zh.html 整理制作

EMS 产业自 20 世纪 60 年代芯片代工演变为新兴行业,在 20 世纪 70 年代至 90 年代步入成长阶段,发展到 2000 年后,已进入成熟阶段的高速发展期。从生命周期角度审视 EMS 产业的发展,其迅速发展的动因在于:① 采用了外包生产制造的 OEM/ODM 产业在 PC、网络、通信等领域渐渐崭露头角,市场份额增大,促使了 EMS 产业的诞生,使 EMS 产业步入其生命周期的引入阶段;② 面对市场需求的多样化和产品生命周期的日益缩短,传统的垂直管理无法长期保持 OEM/ODM 产业的竞争实力,外包分离低附加值的生产制造部门成为必然趋势;同时,计算机和网络技术的飞速发展,使企业间、产业内各部门之间的交易费用大幅度降低,加速了电子工业的整体发展,EMS 产业进入高速的成长阶段;③ 电子产品日益模块化、标准化的生产制造工艺使电子行业逐渐从垂直管理向水平管理发展;OEM/ODM 产业的国际化经营和来自全球的竞争压力促使全球制造外包的进一步发展,EMS 产业从成长阶段进入产业发展的成熟阶段。确立正确的 EMS 产业发展战略,培养和巩固企业的竞争优势,可以改善 EMS 产业发展的生命周期曲线,使 EMS 产业实现新一轮的产业转型,从而激发出更大的发展潜力。

5.1.3 激励理论

激励(Motivate)广义上包含三种含义:① 指激励的过程;② 指诱因与外部的驱动力;③ 指受激励的状态和程度。自行为理论产生后,激励的定义包含了激励对象的反应、激励对象的合理要求和利益,使组织在实现组织目标的同时,也使其激励对象达成目标。激励理论被引入企业管理后,激励被认为是企业组织通过设计适当外部奖酬形式和工作环境,借助企业内部的信息沟通和企业间的信息流动激发、引导、保持和规划企业成员的行为。激励思想从西方的管理理论发展至今,大致经历了四个标志性阶段。

第一阶段表现为以惩罚为主的激励思想。在 20 世纪前,激励主要以恐吓和惩罚为主。泰勒(F. W. Talor)的"胡萝卜加大棒"理论描述了当时的管理思想。泰勒所倡导的管理措施在当时手工业的大规模作坊中得到很好的运用,企业管理原则强调一个有限的控制幅度,上下级之间分工非常明显。

第二阶段表现为以奖励为主的激励思想。在霍桑实验后的人际关系学派倡导下,自 20 世纪 40 年代,理论界倡导以奖励为主的激励思想。

以这一激励思想支配的管理人员认为下属有社会交往的需要,管理人员通常为下属提供更具创造性的人际交往机会满足员工的需求。

激励思想发展到二次世界大战后,演变为第三阶段。第三阶段表现为以工作中奖赏为主的激励思想。该演变,最初受到 Kurt Lewin[138]有关小群体发展理论的影响,后受 F. Herzberg(赫茨伯格)的双因素理论的影响。这一阶段的主导思想认为工作本身是具有激励作用的。工作中以奖赏为主的激励思想,主张用工作本身的激励特性调动员工的积极性,采取鼓励员工参与决策、积极向员工授权以及工作内容与个人追求相结合等措施。

激励思想发展到 20 世纪 70 年代后,进入第四阶段。这一阶段的激励思想仍以激励特性为主,工作中以奖赏为主的激励思想得到进一步发展和丰富。企业注重培养有利于员工发挥主动性和积极性的文化氛围,研究学者们认为企业的组织结构对企业激励特性也具有极大的影响力。扁平化的组织结构是确保企业及其员工不断学习所必备的灵活应变的有机体,能确保企业内信息的有效流动。激励理论发展至今,随着产业体系的发展、企业发展理论和管理思想的演变,已从注重个体激励、企业内部激励发展至企业与企业间的激励以及产业链内部的协同合作和互相激励。良好企业文化、良性循环的产业链环境和产业集群的形成,将成为产业推进可持续发展的重要激励因素。

在我国 EMS 产业发展进程中,激励理论更多地被用于我国 EMS 产业内部对其成员的激励及产业内部各企业成员之间的相互激励。激励的出发点是满足产业内各合作成员和各企业内外部成员的各种需要。通过系统化设计适当运用激励、奖酬等形式满足我国 EMS 产业内外部合作成员外在性及内在性的需求,建立公平的激励系统,整合企业内外各项资源,实现企业内部与员工间的互动发展,与其合作伙伴的良好合作,形成促进我国 EMS 产业发展的激励体系。

5.2 我国 EMS 产业发展动力系统构建

5.2.1 动力系统方法的优点

随着全球电子产业中心的东移,全球 500 强中将近有 480 多家在我国投资建厂,其中跨国 EMS 产业在我国分支机构的年增长高达 40%左右,这种高速经济增长的现象引起国内外诸多学者的关注。我国 EMS 产业发展的动力何在,面临着什么样的阻力。以往国内外文献中有关 EMS 产业发展动力的研究多采用一维视角的分析方法,这种分析是不完善的。

为了深化 EMS 产业动力系统的研究,采用多维视角,从企业层面、政府层面及产业层面等角度分析我国 EMS 产业发展的合动力,构建我国 EMS 产业发展的动力系统结构。推动我国 EMS 产业发展的合力(图 5-2)包含产业内部各企业的内部推动力、外部牵引力及各种阻力。阻力越大,我国 EMS 产业发展的速度越慢;当阻力与动力相当,产业发展会在某一阶段出现停滞;当动力大于阻力时,产业则出现快速发展的态势。

图 5-2 产业发展合动力作用示意图

5.2.2 动力系统结构及作用原理

动力系统结构分为产业发展驱动力、内部动力、外部动力及阻力四部分,各力的组成要素见图 5-3。

第5章 我国EMS产业发展动力系统分析

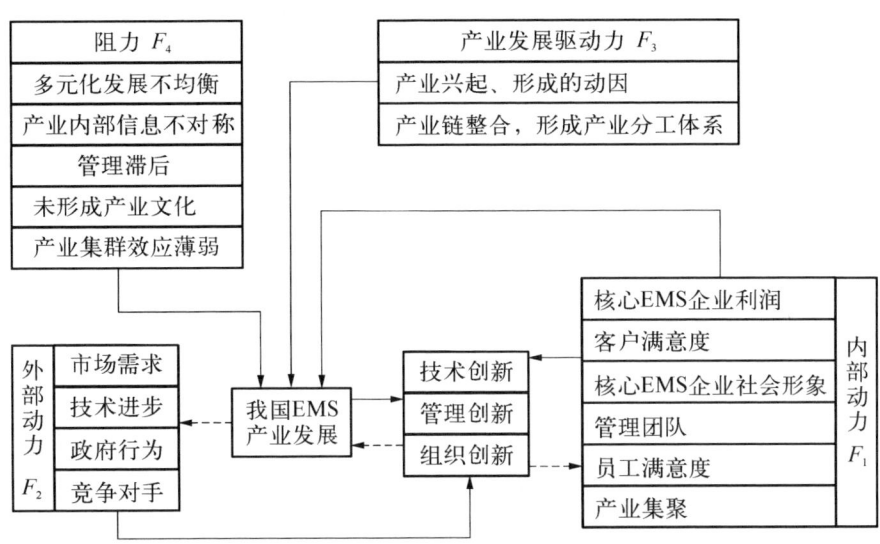

图 5-3 我国 EMS 产业发展动力系统结构

(1) 产业发展驱动力。基于外包理论,从产业链分工角度阐述 EMS 产业兴起和形成的动因。

(2) 内部动力。基于激励理论,从企业层面解释内部动力对企业发展的重要性。

(3) 外部动力。基于产品生命周期理论和激励理论,从政府层面探讨外部动力对 EMS 产业发展的影响。

(4) 阻力部分。基于外包理论,从产业层面分析对我国 EMS 产业发展的阻碍力。

产业发展合力的动力状况决定了产业是否具有进一步发展的动力,也决定于产业创新的力度。创新意识、创新的数量和质量对产业发展形成反作用,决定了下一阶段产业的发展状况。

用 F_1 表示图 5-3 中的内部动力,F_2 表示外部动力,F_3 表示产业发展驱动力,F_4 表示阻力,我国 EMS 产业发展所面临的内外部合动力 F 为:

$$F = F_1 + F_2 + F_3 \pm F_4 \qquad (5-1)$$

设我国 EMS 产业发展水平为 Q,将我国 EMS 产业发展情况表述如下。

当 $F > F_4$,我国 EMS 产业实现持续发展;

当 $F = F_4$,我国 EMS 产业发展停滞不前;

当 $F < F_4$,我国 EMS 产业发展出现倒退。

我国 EMS 产业发展动力系统在整体结构来看具有十分明确的目的性,动力系统的核心是实现我国 EMS 产业发展。我国 EMS 产业发展的整体任务是实现可持续发展。在整个发展过程中,必须在产业内部实现最优计划、最优管理和最优控制,运用先进的技术力量和人力资源以最大限度形成产业集聚,调动产业内各企业及员工的积极性和创造性,推动技术创新、管理创新及组织创新等,才能推动产业发展。同时,外部动力通过产业内部动力因素发挥作用,借助产业集聚内部的一系列创新活动,克服各项阻力因素,共同推动产业向最终目标高速运行。

5.3 我国 EMS 产业发展动力分析

按公式 5-1 分析我国 EMS 产业发展动力系统结构,主要组成部分为驱动力、内部动力、外部动力及阻力四项作用力。

5.3.1 我国 EMS 产业发展的驱动力

我国 EMS 产业发展最直接的驱动力是市场的需求。基于外包理论,全球 EMS 的产业重心转移,目前在长三角、珠三角以及环渤海地区 EMS 产业已形成了相对完整的电子产业群落。虽然我国 EMS 产业的产品主要是低附加值的家用电器等消费类电子产品、通信辅助设备、部分价值较低的终端产品、计算机设备及外设产品,但初步形成的 EMS 产业圈已带动了大量配套服务的中小型生产制造和零部件配套企业,形成初具规模的电子产品生产制造基地。跨国电子巨头将生产和销售重心和前端的研发设计和采购中心向我国转移。同时,转移不再仅限于劳动密集型产业,资本与技术密集型产业也加快步伐。所有这些都意味着中国将从消费电子、劳动密集型电子产品制造基地,螺旋式上升为全球高科技电子产品生产制造基地,这是产业分工的必然趋势。

(1) 产业兴起的驱动力

从最初吸收 FDI 进行加工贸易发展至今,我国 EMS 产业兴起的动因从产业层面分析可以归纳为4个方面。

① 市场和低成本优势决定我国成为全球 EMS 产业转移的中心

全球电子产业体系结构性调整主要由市场和成本两大因素驱动。面对全球电子产品旺盛的市场需求,几乎所有领先的电子企业都将中国视为主要销售市场和利润增长区域。基于市场和成本的要求,众多 OEM/ODM 企业都相继采用 EMS 策略,在全球范围内使制造更灵活,成本更低,达到无缝化贴近市场需求的目的。EMS 策略为众多 OEM/ODM 企业解决了产能过剩、利润趋薄和无法达到规模经济等问题,也促使新兴 EMS 产业将生产制造基地向低成本地区转移。就产业发展讲,其核心企业要转向哪里,主要考量:政局稳定,国家政策支持;生产成本和产业集聚完整度;市场是否接近客户;物流、通关等基础设施和政策是否能满足发展的要求;人力资源支持和优秀的本地化管理团队。综合衡量这五方面,我国无疑是一个最佳的选择。市场和成本的要求决定了我国 EMS 产业必将被纳入全球电子产业体系,而我国 EMS 产业的发展也将进一步促进全球电子产业的蓬勃发展。

② 产业结构重组促进资源整合和规模经济

OEM/ODM 产业重新设计管理模式,将非核心业务外包给专业的

EMS产业,在提高自身核心竞争力的同时,使专业EMS产业实现规模经济、资源整合,催生新兴的EMS产业集群。EMS产业纵向一体产业链的价值体现在三方面:实现规模经济;通过专业化分工经济实现协作,满足客户多样化的需求;利用EMS生产制造的模块化方案,与专业化分工结合,以较低成本满足客户的个性化需求。目前EMS产业已发展为我国六大重点行业之一,总量位居六大重点行业之首。以上海市工业发展进程为例,通过外资引进、资产重组和特区建设等方式,已在区域布局上形成以张江高科技园区为核心,连接浦东金桥出口加工区和外高桥保税区的浦东微电子产业带,以产品配套研发、设计和生产为主的漕河泾新兴技术开发区,以信息产品出口加工为特色的松江出口加工区,形成了一批核心EMS企业,带动周边电子企业发展,抓住全球电子产业体系调整和产业转移的机遇,使我国EMS产业发展初具规模,促进国内外资源优化整合,达到生产制造的规模效应,并使我国EMS产业的发展呈现高度国际化的特征[139]。

③ 产品日益缩短的生命周期推动EMS企业核心竞争力的提高

新兴产业的诞生随应市场的需求。市场占有率的高低,决定着企业在市场的地位和其生命周期的长短。核心企业的市场竞争力是产业存在的生命力,在很大程度上取决于核心企业产品的生命周期。目前全球电子产品的生命周期越来越短,速度是竞争力的源泉。为了提高市场占有率,企业一定要比其竞争对手更快、更正确地把握市场动向,并在更短时间内开发和生产出高质量的产品。生产制造和研发设计的同步成为必然要求。EMS产业专业的生产制造技术、遍布全球的制造基地及优良的供应链管理,使EMS产业能提供与产品研发设计同步的全球化生产制造,并能吸收不同OEM/ODM企业的先进生产制造技术,运用具有全球领先技术的生产设备、全球供应链和积极的同步设计援助计划,缩短产品开发周期、促使产品及时上市(Time to

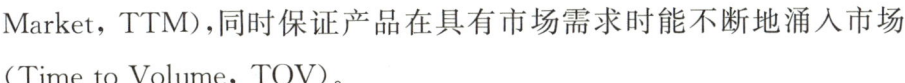

Market，TTM)，同时保证产品在具有市场需求时能不断地涌入市场(Time to Volume，TOV)。

④ 客户需求个性化及专业化的要求推动 EMS 服务水平的提高

研究 EMS 产业兴起的动因，离不开 OEM/ODM 产业客户个性化、专业化的需求。OEM/ODM 企业注重研发和设计等高附加值的业务活动，对终端客户小批量，要求快速反应的需求更青睐 EMS 企业。客户需求的多样化和个性化要求企业具有改进生产制造工艺、销售渠道、开拓新的经营模式和管理模式，实现与市场的无缝化互动协作的能力。同时，需求的个性化和多样化带来库存积压以及产品供需不平衡等问题，对企业实现实时应对市场需求变化的要求更高。EMS 产业的兴起正是应市场需求，将专业的生产制造从企业原有的经营业务中分离出来，使 EMS 企业能实现灵活调度，达到功能分工，与 OEM/ODM 企业风险共担。EMS 模式优化电子产品的生产制造功能，提高自动化柔性制造技术水平，缩短供货时间，将生产运营功能发挥到极致，满足客户个性化、专业化的需求，为 EMS 企业带来规模生产的经济效益。

(2) 产业发展的驱动力

影响产业演化的因素主要有技术、需求、产品生命周期、创新、相邻产业结构、企业战略、知识扩散和政府政策等[140]。按照熊彼特(J. A. Schumpeter)的观点，技术创新是影响产业演化的关键，为社会引入一种新的生产函数，从而提高社会潜在的产出能力。技术的变化将影响产业结构演化，新的技术将会改变产业内核心企业的规模经济水平，影响企业的成本结构，最终改变企业间的竞争格局和产业结构体系。创新技术发展到一定水平，影响企业的规模经济水平，引起企业竞争和市场需求发生变化，产业内和产业间的均衡被打破，产业链和产业结构进入演化过程，发生整合分化。

产业链的整合分化是新产业形成与发展的直接驱动力。产业链的演化过程是一个知识创新、知识扩散、分工深化和重新整合的过程。与产业链传统的水平整合和垂直整合不同，EMS产业从原有的OEM/ODM产业生产运营中裂变成为一个独立的产业，其主要目的在于：充分共享资源、发挥规模经济和范围经济的优势；谋求更大的市场份额，将资源运用于企业可以控制价值链的环节，提高整个电子产业的竞争力，通过产业创新实现可持续发展。这种基于专业化分工经济的产业链结构，通过不同厂商间的专业化分工合作，在获得规模经济的前提下，提供各合作伙伴单独作业所难以提供的更多形式的品种。通过对产业链的需求管理，协调产业链上的供应商、分销商、生产制造商等合作企业的协同运作，实现产业链对客户需求的敏捷供给和快速响应（Quick Response，QR），也成为驱动EMS产业发展的最直接动力。

按企业能力理论，产业链整合是配置企业能力获取竞争优势的重要手段。产业链的分工整合是知识分工和知识共享的外部性带来的报酬递增导致的，产业链的重新整合也可以称为创造性的破坏（Creative Destruction）。在产业链上，高能力的个体集合体并不能自动形成有效的组织[141]，能力各主体之间如何协作，如何相互作用，形成并发挥这些能力是产业链获得持续竞争优势的关键（Loasby，1994）。EMS产业从OEM/ODM产业链中裂变出来后，形成与OEM/ODM产业链的分工协作系统，延伸了EMS产业制造和服务范围（图5-4），实现了功能性EMS产业链的发展，在互补性的产业链体系中实现充分共享成本、信息、资源和市场需求，促进产业间的合作，形成建立在共同利益分配机制上的专业化分工型产业链。

跨国OEM/ODM产业将我国EMS产业发展纳入其全球产业链发展体系，在我国EMS产业实现持续发展的同时，必将提高我国EMS产业的综合制造、服务水平，建立与跨国OEM/ODM产业更为紧密的战略性合作关系。

第 5 章 我国 EMS 产业发展动力系统分析

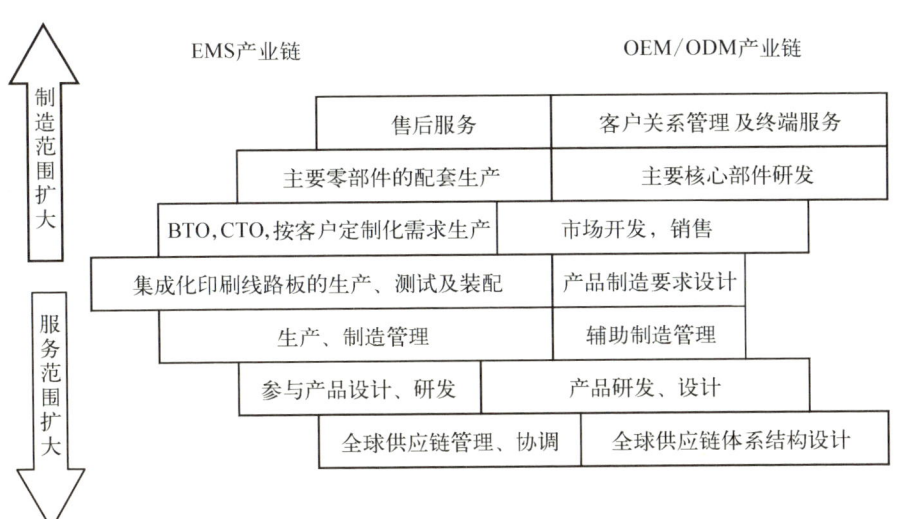

图 5-4　EMS 产业与 OEM/ODM 产业专业化分工合作产业链

5.3.2　我国 EMS 产业发展的内部持续动力

新产业兴起后的进一步发展离不开产业内部持续动力。对产业内部持续动力的研究更多地从企业层面分析内部动力对其发展的重要作用。从我国 EMS 产业发展动力系统结构图看(图 5-2)，产业发展的直接、内部持续动力是创新。创新可以克服或延缓产业发展进入衰退阶段，是企业、产业与区域发展的重要推动力，也是产业实现新发展的标志之一。创新的概念由美国经济学家熊彼特(J. A. Schumpeter)提出后被引入产业理论中，创新被阐述为实现生产要素和生产条件的创新组合，这种创新组合可以是新产品、新技术、新生产方法、新管理方法、新资源和新市场等，创新的目的是实现产业组织的更新。在市场经济条件下，产业要发展，就需要适应不断变化的内外部环境，形成内生的激励机制，对产业组织的产品结构、技术能力、管理方法和组织结构等方面不断创新，使产业组织具有持续的、螺旋上升的创新能力。在我国 EMS 产业发展的进程中，与产业发展相关联的是技术创新、管理创新和组织创新。这三大创新是我国 EMS 产业发展最直接的内部持续动力。产业与区域内其他行为主体在相互作用中形成互动网络,并与制度、文化等环境进行有效整合,持续不断地创新。

(1) 技术创新

技术创新是指新技术、新工艺、新生产方法等在生产制造领域的成功应用。技术创新是产业发展最重要的引擎,是近年来全球电子产业迅速发展变化的主要原因之一。技术创新是企业核心竞争力的关键。现代企业制度体现企业资源配置的高效性,而这种高效率能否充分发挥,主要依靠核心技术和技术创新。一个企业要形成和提高其核心竞争力,必须有自己的核心技术。核心技术是产业核心竞争力的核心。我国 EMS 产业发展的动力,来源于技术创新所带来的利益和优势。技术创新是我国 EMS 产业生产方式中最为活跃的因素,新技术不断地被应用于生产,又成为技术创新的强大动力。

近 20 年来,随着 EMS 产业表面贴装技术(Sunface Mount Technology,SMT)的几次重大技术革新和设备更新换代,SMT 技术实现巨大飞跃(表 5-1),SMT 技术已被广泛地应用到通讯、计算机、仪器、汽车制造、航空、航天和医疗器械等行业。SMT 技术的纵深发展,使集成电路组装技术不断创新,EMS 产业发展速度随之加快,其服务范围不断扩大,渗透到各个领域,与 OEM/ODM 产业的互动协作进入稳定的高速发展阶段。跨国 OEM/ODM 企业在中国业务的拓展,为我国 EMS 产业带来成熟的 EMS 生产制造技术、质量管理理念和符合全球市场要求的供应链管理技术。

技术创新改变了我国 EMS 产业传统的生产方式、经营模式和组织形态,特别是价值链分配,使外包成为我国电子产业的流行生产方式。新技术改变了生产制造和终端服务在 EMS 产业内的位置。过去生产制造是产业重心,而服务是附加部分。现在服务在价值链中的位置越来越重要,生产制造反倒越来越变成服务业的一个附属部门。大量的生产制造存在于中小型 EMS 企业中,而真正的市场策划和客户服务则由跨国 EMS 及 OEM/ODM 企业所垄断。新技术带来了另一个最重要的变化,即知识产权变成最重要的竞争力。新技术也从根本上改变了生产者和消费者的关系。

表 5-1 EMS 技术创新历程

EMS 技术创新历程	早期合约制造 1997 年至 1999 年	电子制造服务 1999 年至 2001 年	协同 EMS 服务 2001 年至今
PCBA 制造流程	无清洗流程	焊膏印刷技术	Z45 无铅技术
	双面回流焊	球焊技术	自动激光选料技术
	胶印技术	热枪焊接	光纤技术
	水洗流程	自动光频焊接	引线接合技术
	光电涂层	集成板在线填充技术	COB 板面芯片技术
SMT 表面贴装技术	0603 芯片	0402 芯片	1005 芯片
	20 mil QFP(方平包装元件)	16 mil QFP	1 mm >2000+VO CCGA 柱状陶瓷栅阵列组装
	50 mil BGA(球栅列阵元件)	0.75 mm CSP(芯片尺寸封装技术)	0.4 mm CSP

迈克尔·波特在其著名的竞争战略和竞争优势分析中,将企业的竞争优势归纳为低成本优势和差异化优势[50,90]。他认为产业发展的这两种竞争优势的获得都离不开技术创新的支持。从低成本优势的基本获取途径分析,产业发展必须具备六个条件:先进的技术;优秀的产品设计,研发支持;良好的成本支持要素;规模经济;价值链的整合及模块化分工;产业发展的地理因素及政策因素等。其中,第一至第五项条件都明显表明了技术创新对企业市场地位提升以及对产业发展获得持续竞争优势具有重要作用。目前全球 IC 的核心制造企业,比如微软、英特尔是靠核心技术创新发展起来的,并占据着全球 IC 销量的核心市场。

我国 EMS 产业发展目前正处于 EMS 产业发展的成长期。跨国 OEM/ODM 产业带来的新的生产管理方法和新的工艺设计理念，这要求我国 EMS 产业具有很强的学习能力。我国各地区 EMS 制造服务水平参差不齐，业务模式也错综复杂，这就要求我国 EMS 产业能更快地建立起与跨国 OEM/ODM 产业的合作伙伴关系，利用这些跨国企业优秀的管理理念，技术创新理念在合作中培养我国 EMS 产业的技术创新能力，将我国分散的资源和信息集中起来，培养我国 EMS 的核心企业，形成运作良好的产业链，从单个企业的单打独斗转变为我国 EMS 产业的集群发展。

（2）管理创新

管理创新是市场经济条件下对企业和产业发展影响最大的因素。在市场经济条件下，企业运用先进的管理方法优化内部环境和生产运营活动，企业间运用管理创新实现与合作伙伴的无缝化协作，对产业链上现行的管理模式进行改造并创建新的管理模式，改进相应的管理方法，适应瞬息万变的市场需求，是产业实现持续发展的内部动力。

管理创新的概念遍及 EMS 产业的各个领域。企业信息化、知识管理、虚拟组织、资本运作、危机管理、柔性管理、精益运作和价值链管理等新的产业运作方法和理念是管理创新的结果。我国加入 WTO 后，跨国 EMS 企业和跨国 OEM/ODM 企业纷纷运用我国的低成本劳动力和广阔市场等自然优势扩大其全球版图的筹码。这些优势，显然不再是我国 EMS 企业的优势。在全世界的产业分工体系、全球产业价值链的重新分配中，我国 EMS 产业目前仍处于全球价值链分配的最低端，我国 EMS 产业在全球产业体系调整中仍然赢得了发展的机遇。跨国企业在我国建厂，为我国 EMS 产业带来成熟的技术、生产运营管理模式、新的管理理念和价值链管理方法，也为我国 EMS 产业构筑走向国际市场的平台。对比 2006 年公布的中国 500 强和世界 500 强名单，在中国 500 强中，服务业企业占 31.2%，而世界 500 强中服务业企业占 56%，美国占近60%，以电子生产制造为主要业务的 EMS 产业在全球500强服务业内占据了领先地位。管理创新和产业内激励机制的形成将成为促进我国 EMS 产业高速发展的动力。

新的管理理念带来新的运作模式的同时，也要求我国 EMS 产业重视人的主观能动性。随着知识经济的到来，产业内各组织成员对知识的掌握和驾驭能力和内生的激励机制使管理创新在产业内的执行力度比任何时候都突出；组织成员的思维方式和价值观念直接影响管理创新在产业组织的实施效果；注重产业文化的培养与产业集群组织的培养，使产业管理更趋于多元化和人性化，将最大限度地促进管理创新在产业内的有效实施。

（3）组织创新

产业组织的组织创新指为了促进产业的可持续发展，根据产业组织的业务结构、技术环境变化和市场竞争驱动等因素，按产业发展战略目标对产业组织现有的组织结构和组织文化体系等方面进行的创新。我国 EMS 产业正处于产业发展生命周期的成长期，产业发展速度加快，发展水平提高，必须依赖于精干和高效的组织。组织创新是我国 EMS 产业的内部持续动力之一。通过组织的变革和创新建立科学管理团队，形成合理的分工协作体系，能大幅度提高产业综合生产力水平；通过组织创新发展核心企业的领导团队，完善产业组织内各协作企业间的组织联系，实现产业内资源整合与优势互补，为产业循序发展提供更强大的竞争力；同时，通过组织创新，产业组织能适应环境和市场的变化，为产业调整发展战略提供强有力的组织保证，从组织结构和组织文化上为产业发展提供必备的支持。

我国 EMS 产业目前正处于产业发展生命周期的扩张阶段，组织创新在这一阶段演变出与创业阶段不同的特征。产业组织的主要目标是实现产业持续成长，产业组织应以双向式学习性组织结构为主，注重产业组织整体与产业链上各合作企业和协作单位在实施组织创新过程中的层次性;产业组织的组织创新和新的组织结构应构建良好的创新环境,培养创新人才,促进技术创新和管理创新。产业组织的不同设计,决定了产业内不同部门之间、企业与企业之间的互动方式。产业组织采用不同的管理方法和产业文化,直接决定了企业内是否具备鼓励创新的氛围。当前的经济一体化,伴随着众多的产业整合。我国各类规模的 EMS 企业已有数百家,但是基本属中小型规模。全球电子产业经济仍为少数的跨国 EMS 企业所领导,我国 EMS 产业还缺少具有这样领导力的 EMS 龙头企业。只有产业整合后进行组织创新,重新配置产业内各项资源,才能提高我国整个 EMS 产业的集成度,在价值链上形成更为合理的分工体系,立足国际市场培养我国 EMS 的世界级大企业。

技术创新、管理创新和组织创新是产业创新体系中最重要的组成部分,三者之间具有十分密切的互动协作关系,互相影响、互相促进,与产业发展进程中其它形式的创新协调配合,成为推动我国 EMS 产业发展最直接的内部持续动力。

5.3.3 我国 EMS 产业发展的外部持续动力

作为一个独立的行业,EMS 产业已在全球电子百强中占据显要的位置。我国丰富的资源优势,吸引了众多跨国 EMS 企业来投资,带动了产业发展,提高了全球 EMS 产业经济发展对我国的依存度。我国目前 EMS 产业呈现三大群落:跨国 EMS 厂商如伟创力、富士康和捷普等大举在中国投资建厂;港台 EMS 纷纷落户中国大陆;我国本土 EMS 产业初具规模,并初步形成了珠江三角洲、长江三角洲、环渤海湾地区和部分中西部地区四大电子信息产业基地。我国 EMS 产业在发展成长期的共同特点是:电子信息企业集中,产业链较为完整,具有相当的规模和配套能力。其中,以珠江三角洲为中心的高新技术产业带已成为我国规模最大、发展速度最快、产品出口所占比重最高的电子信息产品加工密集地区。实现产业发展持续成长和经济长期增长，除了产业内部动力，还依赖产业外部牵引力推动产业创新。从市场需求、技术进步、政府行为和竞争对手等方面、从政策层面阐述我国 EMS 产业外部动力。

（1）市场需求

市场需求和市场竞争直接作用于产业，是外在的技术创新活动。通过创新的拉动，引导产业开展技术创新、管理创新和组织创新活动，从而实现产业的发展和升级。经济全球化环境下的市场需求是我国 EMS 产业创新活动的动力源泉，是创新活动的基本起点。市场需求随着经济和社会发展的不断变化，从量变向质变方向发展。当变化形成一定规模时，将直接影响产业发展的进程，为产业提供新的市场机会和创新思路，并引导产业开展内部的各项创新活动，形成对产业发展的拉动和激励，促进产业结构体系和产业发展战略的调整。

随着我国 EMS 产业的发展，市场对我国 EMS 产业的产品质量、成本、服务水平和交付能力等方面都提出更高的要求。依赖于单纯的技术引进已不能满足市场需求对我国 EMS 产业的服务要求。随着全球电子制造中心向亚洲地区的转移，我国 EMS 产业仅依靠现有的本土资源参与全球市场竞争，已凸显与市场需求的极大差距。要实现我国 EMS 产业的进一步发展，必须依托市场需求的拉动力，促进产业内的各项创新活动；激发产业内的技术创新，提高技术革新和技术推广作为新技术的应用性开发和功能性扩展，鼓励新技术在企业间的扩散、移植和应用，扶植我国 EMS 产业内的核心企业，引导行业内的技术创新；鼓励管理创新和组织创新，将国内外优秀的管理模式和组织结构引入我国 EMS 产业的管理体系，建立适用于我国 EMS 产业发展的创新体系，充分发挥市场需求的外部拉动作用。

（2）技术进步

市场需求的拉动离不开具有竞争力的产品和服务。EMS 产业是随着标准化计算机生产、SMT 技术和 PTH 技术发展起来的产业革命的产物。技术革新带来的技术进步，为 EMS 产业发展的工业化应用提供了必要的技术支持。技术进步成为推动我国 EMS 产业发展的外部动力，引发产业内的创新活动，是由技术的特征决定的。完善的技术革新具有商业化过程的内在特征，在科学发展的推动下，技术进步必然突破旧的技术体系框架，沿着创新技术的思路发展，突破原有的轨道，形成具有应用性的新技术。新技术的应用，又为新的技术创新积累能量，从而形成产业发展模式化的创新体系。

EMS 产业最初从美国硅谷发展起来，源于集成电路的表面贴装技术的发展。技术和产品日新月异的发展带来新一轮的产业革新，使 EMS 产业成为全球电子产业垂直分工体系的重要一环，成为促进世界经济增长的主要产业。我国 EMS 产业目前位于全球价值链的低附加值部分，要实现进一步持续发展，需摒弃原有拾荒式的创新方式，构建良好的创新制度、文化和环境氛围，培养我国 EMS 的技术开发型人才，以技术进步和技术创新提高我国 EMS 产业在国际市场的竞争力。

信息技术革命对企业组织创新具有重要的促进作用。信息技术的飞速发展，为 EMS 产业带来管理观念的创新，从根本上改变了 EMS 产业传统的信息管理技术，导致企业组织各方面的变革。信息技术对企业组织结构的影响也是巨大的。企业从传统组织发展到学习型组织，由传统的金字塔组织结构到扁平化的分权式的组织结构，从刚性组织结构到柔性组织结构，随着技术进步和技术创新在产业发展中的运用，使产业管理创新、组织创新活动日新月异。虚拟组织管理、计算机集成化制造管理、精益化管理和柔性管理等新的管理方法，依靠各种技术进步得以实现，成为 EMS 产业实现产业规模运营的重要的外部动力。

（3）政府行为

产业组织必须根据产业自身的特点构筑独特的创新体系，形成良好的产业制度、文化和环境氛围。政府行为在促进产业发展的进程中具有很高的外部经济作用,从长期效应看,在政府行为下的任何创新的社会收益都大于创新对企业的个体收益。政府行为在促进产业创新中的能动作用非常重要。政府根据国家政治目的和经济发展需要,通过产业组织体系、政策体系、法律体系和产业行为体系,引导社会各层次的创新活动。政府通过后向推动、前向拉动、纵向参与和政策扶持等方面的活动,鼓励产业组织的创新活动。我国政府对 EMS 产业的外部拉动作用主要表现在五个方面。

① 鼓励跨国 EMS 产业和港台 EMS 产业在中国的投资,提供良好的投资环境和投资政策等直接政策激励。

② 直接政策激励是政府启动产业各项创新活动效果最明显、作用最大的。直接政策激励可分为动力型政策、引导型政策和保护型政策。在我国 EMS 产业不同发展阶段采用不同的发展策略,激发我国 EMS 产业学习国外先进的产品技术和管理技术,形成自身的产业文化,为鼓励产业创新创造条件。

③ 政府行为促进形成良好的政企关系,启动产业集群形成和产业内的创新动力。

④ 政府不直接干涉我国 EMS 产业的经营活动,使我国 EMS 产业能置身全球经济发展的市场竞争中,在市场竞争中激发产业发展所需的动力,培养产业体系自我保值和增值的促进力。

⑤ 营造社会、文化和法制环境,培养具有创新意识的高质量的人力资源。我国 EMS 产业的发展离不开创新文化,包括具有创新意识的企业家、产学研人员创新观念的塑造、崇尚创新的社会环境的形成。政府促进创新文化的形成和发展,是我国 EMS 产业发展的重要动力。创新文化的培育在市场导向、宏观政策及社会教育等方面得到体现。政府建立良好完善的社会保障制度,将为我国 EMS 产业创新提供不可缺少的

外部动力环境。

(4) 竞争对手

Michael E. Porter 著名的主导产业竞争的五力模型中,五种基本的竞争作用力决定产业获利程度,形成产业竞争战略[142]。其中,产业内存在厂商之间的竞争、产业新进入者的竞争、替代品或服务厂商的竞争等,这些是促进产业发展的重要动力。

我国 EMS 产业与跨国、港台 EMS 产业之间的竞争、我国 EMS 产业内部各企业之间的竞争,以及与产业潜在新进入者、替代性产品或服务的企业之间的竞争直接驱动着产业发展的创新活动。良好运作的产业之所以能在其竞争对手中脱颖而出,是因为其能建立并保持与竞争者之间的差异[142]。在取得更大市场份额的同时,必须为客户带来更高的价值、更低的成本、更优良的品质和具有优势的运营效率。我国 EMS 产业的竞争对手是促进产业发展不可缺少的动力。竞争在促进我国 EMS 产业出现趋同性的同时,鼓励我国 EMS 产业进行标杆性学习,学习先进技术和管理方法,缩小与先进同行业的差距;同时,竞争使产业运作突破原有的模式,激发创新形成,形成新的产业整合,使企业以新的运营方式超越竞争对手。

5.3.4 我国 EMS 产业发展的阻力

产业发展速度受发展进程中阻力的影响。阻力因素是产业发展动力系统的重要组成部分。随着经济全球化,产业是否具有市场竞争力在于能否比竞争对手获取更具竞争力的资源,化解来自各方面的阻力因素。从产业层面看,我国 EMS 产业发展存在的阻力因素主要有:多元化发展不均衡、产业发展内部信息不对称、管理滞后、未形成良好的产业文化和产业集群效应薄弱等。

(1) 多元化发展不均衡

我国目前本土 EMS 产业的制造服务水平参差不齐。多数中小型

EMS 企业仍停留在来料加工或组装生产的外包加工阶段;部分大中型 EMS 企业已被纳入跨国 OEM/ODM 企业的全球分工体系,开始提供核心元器件的采购、仓储、物流和产品售后服务等附加服务,但与跨国 EMS 产业的制造服务水平相比仍有相当的差距。我国 EMS 产业发展呈现多元化、不均衡的特点。

(2) 产业发展内部信息不对称

跨地域的 EMS 企业间的信息交流呈明显的不对称发展。产业在市场经济模式下运营,要求资源在产业内不同企业间合理配置才能促使产业的良性发展。目前我国多数 EMS 企业仍追求本企业的市场占有率和利益的独占性,企业内部优秀的管理理念和运营模式在同类企业中的传递非常被动,企业运营所需的劳动力、技术、资本及人力等各项资源在我国 EMS 产业内部的分配也呈现不对称现象。

(3) 管理滞后

先进的 EMS 管理技术、生产模式,如精益生产、全球价值链协作和虚拟企业运作等管理方法在我国 EMS 产业中仍不多见。信息化管理整合和供应链管理滞后,使我国 EMS 产业在小批量、多品种和高混合产品制造上仍不具备与跨国 EMS 产业竞争的优势,也缺乏全球化运作的能力;在保护产品知识产权方面的不成熟制约了我国 EMS 产业与跨国 OEM/ODM 产业的部分合作,也制约了我国 EMS 产业的可持续发展。

(4) 未形成良好的产业文化

产业文化是产业集群形成的前提,也是产业凝聚力形成的基础。产业能否实现持续发展,产业文化的建设是关键。良好产业文化的形成,有助于产业增强抵抗市场风险的能力,创造出倍增效应,减少由于管理不善而产生的产业内部损耗。由于我国 EMS 产业起步较晚,目前仍未形成规范的产业文化。根据市场需求环境,协调产业内不同企业间的发展战略,形成有序的产业结构体系,鼓励产业文化的形成,将有利于减缓产业发展进程中的阻力,提升产业发展的速度。

(5)产业集群效应薄弱

著名经济学家阿尔弗雷德·马歇尔最早提出了外部规模经济与产业集群之间的关系。产业集群被认为是一个处于特定产业领域,集中在特定地理空间,通过专业化分工协作而相互关联的企业与机构所形成的上中下游结构完整、外围支持产业体系健全、具有灵活机动等特性的类似于生物有机体系统的产业群落[125]。随着社会分工的细化,没有任何一种产品或服务可以由一家企业完全提供。一个企业所能向顾客提供的价值,不仅受制于其自身的能力,而且还受上下游企业的制约。产业集群中的企业是相互依存的[140]。一个企业向客户提供的产品或解决方案,包含不属于该企业所控制的成分。我国EMS产业处于刚刚起步阶段,受到制造环境、企业运作模式、地域间信息传递不均衡与管理不成熟等因素的制约,多数企业仍处于孤军作战阶段,产业集群仍显薄弱。培植良好运作的产业集群,帮助和改善制约自身价值链效率的上下游企业的运作效率,提高整个产业链的运作效能,使我国EMS产业竞争优势建立在产业链释放整体效率的基础之上。

我国EMS产业动力系统结构的合动力是推动产业发展的根本作用力。当产业发展驱动力、内部动力与外部动力的合力大于产业发展面临的阻力,产业则发展;当合力与阻力相当,产业发展则停滞不前;当合力远小于阻力时,产业发展则出现倒退的现象。然而,产业发展与物理学中物体受力运动的现象在一定意义上并不完全相同。产业是一种特殊的客体,区别于物体受瞬间力作用而改变运动状态的原理,产业发展需要持续的动力。我国EMS产业实现可持续发展,必须以产业内部创新为内部持续动力,结合外部动力的作用,减弱发展过程中的阻力因素,实现我国EMS产业的可持续发展,与跨国EMS产业进入平等的竞争平台。

第6章
我国 EMS 产业发展系统评价

借鉴跨国 EMS 产业现有的评价体系,提出一套 EMS 产业可持续发展的竞争力评价体系,对我国 EMS 产业完善实践运营指导至关重要。结合基于主成分分析法与专家评分法的两种评价方法,建立适用于我国 EMS 产业发展的系统评价体系,有助于改进现有评价体系的不足。

6.1 国内外 EMS 评价研究

回顾国内外 EMS 已有的评价,从产业合作价值链上合作伙伴的角度,列举了供应链绩效的主要参考指标(KPIs)[144]。Roger 教授(1999)认为顾客质量是评价供应链整体绩效的最重要手段,并提出了十个方面的评价标准。供应链研究的权威机构 PRTM 在 SCORE 模型中提出了度量供应链绩效的十一项指标[145]。Pawarand Driva(1999)的调研结果表明电子产业在其产品和设计中最常使用的几个评价指标是总成本、实际成本与预算成本之比、实际完成时间与预定完成时间之比、市场提前期和生产前的试验领域[146]。Bond(1999)认为中小型电子产业采用的绩效评价指标主要有质量、交货可靠性、顾客满意度、成本、安全和士气等[147]。Judith M. Whipple 和 Robert Frankel(2000)建立了战略联盟合作伙伴的评价指标体系,认为竞争优势已从单个企业的优势转化为供应链的竞争优势,建立可持续优化的战略联盟合作评价体系[148]。Medoriand Steeple(2000)认为产业发展的关键是提升自身的竞争优势,提出了六项关键指标:质量、成本、柔性、时间、交货和未来成长。良好指标体系是保障竞争力评价合理性的关键,也是确保产业按战略目标方面发展的关键[149]。

国内学者马士华等(2000)以制造型供应链绩效为研究对象,提出了基于供应链业务流程的绩效评价指标体系[64]。叶飞(2000)建立了一套动态联盟评价指标体系,并给出相应的评价方法[150]。碧波、潘晓弘、程耀东(2000)等建立敏捷虚拟企业伙伴选择的三阶段结构化进程和伙伴选择的评价参考体系,基于AHP法确定权重,提出采用Benchmarking法对关键因素的决策值进行量化计算的方法,给出优化的合作联盟评价数学模型[151,152]。张炳轩、李龙洙、都忠诚(2001)建立动态供应链的合作伙伴选择评价指标体系,并采用模糊数学方法,建立OEM与EMS的合作绩效评价模糊评价方法[153]。王勇、孙良云(2002)提出竞争力指标体系的设计原则并建立竞争力评价指标体系,为OEM和EMS的运作管理绩效提供了评价工具[154]。朱永升、韩伯棠等(2004)认为对战略合作伙伴核心竞争力的评价,是一个典型的多指标、多层次综合评价问题[155]。陈志祥(2004)建立基于敏捷合作联盟供应链管理的敏捷供需协调绩效评价的分层、分类考核的多指标绩效指标体系,并建立相应的量化计算方法[156]。姜方桃(2006)构建供应链企业内部、外部及整体绩效评价的框架模型以及供应链管理绩效评价的模糊综合评价法[157]。

从国内外理论界对EMS产业评价体系的研究来看,相对于我国EMS产业发展的进程,国外EMS产业的业绩评价体系已有很长的历史,比我国的电子企业业绩评价体系要成熟得多,了解国外EMS产业的业绩评价指标体系的发展对我国创建符合国情的业绩评价体系具有很大的参考意义。

EMS 产业发展的初期，由于市场需求大于供给，EMS 产业的主要任务是以低成本生产出尽可能多的产品，实现利润最大化的战略目标。EMS 产业也主要以传统的财务指标作为绩效评价的唯一标准。发展到 70 年代，越来越多的企业认识到物料需求计划的重要性，开始将供应链竞争力的评价指标列入企业发展的评价体系。进入 80 年代，迈克尔·波特提出了供应链理论著名的五力模型，揭示了企业与供应商、竞争者、替代者、产业潜在进入者以及顾客之间的对立竞争关系。此时，随着全球电子产业的发展，创新技术层出不穷，产品周期日渐缩短，市场对 EMS 产业的发展也提出了新的要求，对 EMS 产业绩效评价的研究迅速升温，引入非财务的评价指标。非财务指标与传统的财务指标相比具有一定的优势：评价更加及时、准确、易于度量；更贴近市场需求驱动；与产业发展的目标和战略发展方向更为吻合；推动了产业组织的持续改进；技术创新和管理创新开始萌芽，使 EMS 产业运营具有了创新的特点和一定的柔性，在一定程度上能适应市场和产业环境的变化。

随着经济全球化的发展势态和全球创新技术的发展，在电子数据交换技术、准时生产制、计算机辅助设计、柔性制造系统、企业资源计划等先进的技术支持背景下，供应链竞争力越发成为企业能否立足国际市场的重要衡量指标。而市场竞争的日益激烈、顾客需求的不断变化、信息在跨国家地域间的共享程度都成为企业在提升供应链竞争力过程中要密切关注的重要影响因素。目前跨国 EMS 产业运用较广的是专注于提升供应链核心竞争力的评价体系和客户满意度的评价体系。

6.1.1　注重供应链竞争力提升的评价体系

注重供应链核心竞争力提升的评价体系遵循了基本指标体系的原

则：与产业发展目标相适应、目标明确、通过组织内外部人员的参与来共同选择评价的指标，对关键影响因素采用重点分析、实时分析与评价的方法等。目前跨国 EMS 产业的领先企业所运用的供应链核心竞争力评价指标体系包含四项内容。

（1）EMS 企业内部供应链管理水平

主要指标为：企业物流的资产周转率、企业物流的库存周转率、产品的损耗、产品的合格率、企业的物料成本、生产成本以及企业的库存成本等。这些指标是衡量企业资产管理效率的重要财务比率，在财务分析中具有重要地位，反映了企业的资金利用情况，结合企业库存周转率和产品合格率反映企业产品的周转能力和客户对企业的满意度，企业的库存成本及相关成本指标则直接影响企业供应链中核心企业在市场上的竞争力。

（2）EMS 企业内部运营管理水平

主要指标为：EMS 企业与其他企业或组织间的战略联盟程度、EMS 企业参与 OEM/ODM 企业研发、销售、售后服务等环节之间的合作程度、EMS 企业引入第三方物流的程度、劳动生产率、投资收益率、企业所生产产品的市场占有率、企业利润增长率、销售净利润率、企业的核心产品业务增长率。以上 EMS 企业运营指标反映了 EMS 企业对整个供应链的经营能力。企业的核心产品率和企业产品的市场占有率，在很大程度上反映了企业的生产制造能力，是 EMS 企业制造、服务、质量和营销能力的综合反映，也是企业生存能力的重要指标。

（3）EMS 企业的员工素质

创新的技术发展要求 EMS 企业拥有世界一流的员工。EMS 企业员工素质指标主要包括：企业员工的受教育程度、企业员工被培训程度、员工的协调合作能力培养、员工的学习能力和创新意识的培养。员工素质对于企业在多变的市场经济中吸收新知识、新思想和新技术能力的重要性是不可替代的。员工接受产业内外部的培训及自身的学习能力,体现了企业组织学习型组织的特征,是 EMS 企业增加竞争优势的重要方面。优秀员工在 EMS 产业内的人员流动,有助于 EMS 产业形成内部资源共享、良好的协同合作和学习氛围,对 EMS 企业发展来说是一笔不可多得的重要财富。

(4) 供应链密切度

主要指标为:供应商交货提前期、供应商对企业订单的满足率、供应链中信息的沟通水平、企业占分销商业务的比重、企业在供应商业务中所占的比率、企业的信息化水平。EMS 产业产品的竞争力与产业信息化程度是分不开的,EMS 产业内与合作伙伴之间的信息化水平体现了 EMS 产业采用现代化信息技术进行供应链管理的水平,反映了具有竞争力的供应链信息共享程度,是 EMS 产业消除供应链拓展中不确定性因素、提高供应链效益的关键手段。

6.1.2 注重客户满意度提升的评价体系[21]

众多跨国 EMS 大企业注重运用客户满意度来测评客户、市场对其生产制造服务水平的评估。通过客户满意度的调查,定期评估客户对 EMS 企业生产制造、服务团队所提供的产品及服务的满意程度,了解客户对企业产品和服务的进一步要求,修正 EMS 企业所提供的产品制造流程、质量服务,提高 EMS 企业对市场需求的反应速度,增强对价值链上其它合作企业的辐射作用,培养产业集群,提升跨国 EMS 企业的国际影响力。

注重客户满意度提升的评价体系,通常运用客户满意度指数体系(Customer Satisfaction Index,CSI[①])来反映客户对 EMS 产业的服务满

---

① 沈昕,以客户为中心的管理创新——新兴电子制造服务行业中的客户服务项目组,现代管理科学,2006 年第 2 期,第 45~47 页。

意度[21]。CSI 体系通过客户保留率直接反映着企业的经营业绩(尤其是利润额),而且与道琼斯工业指数等传统指标一样能准确地反映社会整体经济发展趋势。EMS 产业中常用的 CSI 评价体系分为五大部分,① 质量(Quality);② 按时交货(Delivery/Responsiveness);③ 与顾客的沟通(Communication);④ 服务与灵活性(Service/Flexibility);⑤ 技术支持(Technical Support)。

客户满意度评价结果分为七个等级:A、A−、B+、B、B−、C、D。其中 C 为 0 分,D 为−100 分(图 6-1)。EMS 企业运用这种方式加强与客户的沟通,使服务团队能及时得到客户的反馈,培养客户对企业的满意度、忠诚度,达到提升市场竞争力和扩大市场占有率的目的。

	A	A−	B+	B	B−	C	D−不可接受
%	100	95	85	80	75	0	−100
质　量							
按时交货							
与顾客的沟通							
服务与灵活性							
技术支持							

图 6-1　典型跨国 EMS 企业——某公司所采用的客户满意度指标体系

资料来源:参考旭电、捷普客户满意度调查表修改制作

以上典型跨国 EMS 企业所运用的以客户为中心的客户满意度指标体系反映了 EMS 企业以下几种发展策略,帮助 EMS 企业在日益激烈的市场竞争中取胜。

(1) 聆听客户意见融入企业发展策略。

(2) 将业务团队变成协调一体的合作团队。

(3) 变客户满意度为永久的客户热情。

（4）变推动式管理为拉动式管理。

与跨国 EMS 产业相比，我国 EMS 产业仍处于早期形态，主要参与基本的生产组装，仍处于基本的操作型阶段。在 EMS 产业运营诸方面：生产经营、规模运营、供应链管理、快速响应市场要求、增值服务等方面还未形成完整的管理和运营体系。现有的相关理论研究和评价体系研究多侧重于国内中小型企业，也没有形成适合我国 EMS 产业发展的可操作性强的指标评价体系。我国对知识产权的保护力度也不够，国内的物流效率近年来虽有很大程度的提升，但与国际水平相差甚远，在物流反应速度上仍有很大的差距。国内供应链管理仍局限于后向的供应端整合，未延伸至前向客户端，第三方物流的服务水平与跨国 EMS 产业相比也有相当大的差距，政策的灵活性为企业提供灵活的市场反应速度还有待进一步提高。同时，置身经济全球化局势下的中国 EMS 产业，还面临着国际标准化组织（ISO）发布的一套环境管理的国际标准，涉及环境管理体系、环境审核、生命周期评价等国际环境领域内的诸多焦点问题，对我国 EMS 产业发展提出了国际性的环境发展要求。因此，建立一套致力于提升我国 EMS 产业核心竞争力的指标评价体系，将有助于我国 EMS 产业缩短与跨国 EMS 产业的差距，增强自身持续创新能力，立足于国际竞争中。

6.2 我国 EMS 产业发展的竞争力评价

产业界关于国际竞争力研究早已成为世界范围内的热门课题[158]。我们将产业国际竞争力的定义延伸至新兴的 EMS 产业发展中，EMS 产业的国际竞争力实质可以被认为是：在国际自由贸易条件下（或在排除了贸易壁垒的假设条件下），一个国家或地区的 EMS 产业以其相对他国的更高的生产力,向国际市场提供符合消费者(包括生产消费者)需求的更多产品,并持续地获得赢利的能力。从很大程度来讲,EMS产业对其主营业务、市场需求的把握和反应速度决定了该产业在市场上是否具有竞争力。

影响我国EMS产业国际竞争力的因素众多。指标体系评价方法已经广泛应用于企业竞争力、产业竞争力、城市竞争力和国家竞争力的评价上。我国EMS产业作为一种新兴产业组织,也可以应用此方法来评价其综合竞争力。本章研究拟运用主成分分析法遴选主要影响因素,定量地解决产业竞争力、产业主营业务竞争力评价的问题;构建基于专家评分法的评价方法,从企业层面剖析核心EMS企业的弱项指标,对其各项核心指标竞争力进行诊断,找出不足。两种评价方法的结合解决了现有评价体系的不足。

6.2.1 评价体系设计思路

产业发展离不开产业的核心竞争力。产业系统是一个复杂的、动态的,以知识、创新为基本内核的系统。设计我国EMS产业的评价体系,坚持持续创新是我国EMS产业把握市场机遇,赢得核心竞争力的关键。产业实现可持续发展的前提是具有潜在竞争优势的动态平衡系统,在信息万变的市场机遇下,选择具有竞争力的主营业务,创造出满足客户个性化、多样化需求的产品,提升产业竞争力。因此,一套用于评价我国EMS产业发展的竞争力评价体系,对选择合适的主营业务,促进产业可持续发展具有很强的参考意义。一个完善的产业发展竞争力评价体系主要考虑三个主要因素,关注产业运营的七个方面。

三个主要因素是:① 领先性,我国EMS产业应着重培养我国EMS产业自身的自主创新能力,使产业的核心业务在技术、质量、成本等方面追赶跨国EMS产业,保持领先程度;② 协同性,产业价值链上所有合作伙伴,供应商、制造商和分销商之间的运营活动要具备协同性,这是提高价值链整体快速反应能力的关键;③ 快速反应性,表现为快速响应市场需求的特点。

产业运营的七个方面包括:对市场需求的反应速度,产业的运营成本,规避产业运营中的风险,达成规模经济优势,提高产品质量水准,优化生产制造流程和资源配置,确立 EMS 产业的竞争优势、提高市场占有率。

良好的竞争力评价体系是任何一个产业发展中的核心标杆,乔伊等在《国际会计学》中指出,一个设计良好的竞争力评价体系可以使管理者判断现有的经营活动的获利性、发现尚未控制的领域、有效地配置公司有限资源以及评价管理业绩[143]。通过产业发展绩效评价结果,找出企业存在的薄弱环节和发展潜力,选择具有竞争力的主营业务,从而达到发挥优势、克服劣势、挖掘潜力并进一步提高绩效的目的。

6.2.2　基于主成分分析法的产业发展竞争力评价

考虑到企业各项运营指标之间的相互关系,我们将利用降维的思想,采用主成分分析法构建 EMS 产业竞争力评价数学模型。

(1) 模型构建

设 EMS 产业主成分 $F_1,\cdots,F_m$ 作线性组合,以每个主成分 F_i 的方差贡献率 A_i 作为权数[159,160],其主成分函数为

$$F = A_1 F_1 + \cdots + A_m F_m \qquad (6-1)$$

其中,第 i 个主成分是:

$$F_i = A_{1i} X_1 + A_{2i} X_2 + \cdots + A_{pi} X_p \qquad i = 1,\cdots,p \qquad (6-2)$$

上述公式中,第 i 个主成分(特征值)的方差贡献率及前几个主成分的累计方差贡献率可以从计算中得到。其中 $A_{1i}, A_{2i}, A_{3i}, \cdots, A_{pi}$

($i=1,\cdots,p$)为 X 的协差阵 Σ 的特征值多对应的特征向量,$X_1,\cdots,X_p$ 是原始变量经过标准化处理的值。

整个计算过程如下:

设有 n 个 EMS 产业主营业务,每个 EMS 产业主营业务观测 p 个指标(变量):$X_1,X_2,\cdots,X_p$,得到原始数据矩阵:

$$X = \begin{bmatrix} x_{11} & x_{12} & \cdots & x_{1p} \\ x_{21} & x_{22} & \cdots & x_{2p} \\ \vdots & \vdots & & \vdots \\ x_{n1} & x_{n2} & \cdots & x_{np} \end{bmatrix} = (X_1, X_2, \cdots, X_p) \quad (6-3)$$

其中

$$X_i = \begin{bmatrix} x_{1i} \\ x_{2i} \\ \vdots \\ x_{ni} \end{bmatrix} (i=1,2,\cdots,p) \quad (6-4)$$

在 p 个变量中找到 A 个新变量,新变量与原始变量的关系可表示为公式 6-5。

$$\begin{cases} F_1 = A_{11}X_1 + A_{21}X_2 + \cdots + A_{p1}X_p \\ F_2 = A_{12}X_1 + A_{22}X_2 + \cdots + A_{p2}X_p \\ \cdots\cdots \\ F_p = A_{1p}X_p + A_{2p}X_2 + \cdots + A_{pp}X_p \end{cases} \quad (6-5)$$

同时要求满足以下几个条件[161]:

1) F_i 与 F_j($i \neq j$, $i, j = 1, \cdots, p$) 不相关;

2) F_1 是与 $X_1, X_2, \cdots, X_p$ 相关的一切线性组合中方差最大者;

3) F_2 是与 F_1 不相关的 $X_1, X_2, \cdots, X_p$ 的一切线性组合中方差最大者;

4) F_p 是与 $F_1, F_2, \cdots, F_{p-1}$ 都不相关的 $X_1, X_2, \cdots, X_p$ 的一切线性组合中方差最大者。

这样决定的综合变量 $F_1, F_2, \cdots, F_p$ 分别称为原变量的第一,第二,……,第 p 个主成分,其中 F_1 的方差在总方差中占的比例最大,其余主成分 $F_2, F_3, \cdots, F_p$ 的方差依次递减。

建立 EMS 产业各项主营业务指标变量的相关系数矩阵 S:

$$S = \begin{bmatrix} r_{11} & r_{12} & \cdots & r_{1p} \\ r_{21} & r_{21} & \cdots & r_{2p} \\ \vdots & \vdots & \vdots & \vdots \\ r_{p1} & r_{p2} & \cdots & r_{pp} \end{bmatrix} \quad (6-6)$$

式中:

$$r_{ij} = \frac{\sum_{k=1}^{n}(x_{ki}-\bar{x}_i)(x_{kj}-\bar{x}_j)}{\sqrt{\sum_{n}^{n}(x_{ki}-\bar{x}_i)^2 \sum_{k=1}^{n}(x_{kj}-\bar{x}_j)^2}} \quad (6-7)$$

各主成分贡献率为:

$$\frac{\lambda_i}{\sum_{k=1}^{p}\lambda_k} \quad (6-8)$$

主成分累计贡献率为:

$$\frac{\sum_{k=1}^{i}\lambda_k}{\sum_{k=1}^{p}\lambda_k} \quad (6-9)$$

代入公式 6-1、公式 6-2,选取前几个主成分,计算出 EMS 产业各项主营业务的综合竞争力排名情况,即可对 EMS 产业竞争力作出评价解释。

(2) 指标选取

决定 EMS 产业竞争力的因素众多。因 EMS 产业内各企业的运营数据为保密数据,不便在论文研究工作中引用,特选用在原始数据基础上经过按 EMS 主营业务分类重组后的公开数据作为本论文引用数据,数据来源于苏州工业园区统计局,统计数据包含我国国内所有的 EMS 产业主营业务,划分成十六大类(表 6-1)[162,163]。论文力争有针对性地对 EMS 产业的主营业务竞争力做出评价,以对我国 EMS 产业正确选择产业发展核心业务,提供理论的、可操作性强的参考作用。论文设计的主要影响指标为 19 项指标,主要反映研发能力、企业规模、盈利能力、国际竞争力和资本运作能力等在市场经济条件下 EMS 产业的竞争力水平。评价指标表述如下(表 6-2)。

表 6-1　EMS 产业主营业务分类

序列号	名　　称	序列号	名　　称
1	医药制造业	9	电子元件制造
2	化学药品制造	10	家用视听设备制造
3	航空航天器制造业	11	电子计算机及办公设备制造业
4	电子及通信设备制造业	12	电子计算机整机制造
5	通信设备制造	13	电子计算机外部设备制造
6	雷达及配套设备制造	14	医疗器械及仪器仪表制造业
7	广播电视设备制造	15	医疗仪器设备及器械制造
8	电子器件制造	16	仪器仪表制造

表 6-2 EMS 产业指标体系

指 标	名 称	对应竞争能力
x_1	R&D 折合全部人员(万人年)	研发能力
x_2	R&D 经费内部支出(亿元)	
x_3	新产品开发经费支出(亿元)	
x_4	新产品产值(亿元)	
x_5	新产品销售收入(亿元)	
x_6	专利申请数(件)	
x_7	拥有发明专利数(件)	
x_8	企业数(个)	企业规模
x_9	从业人员年平均人数(人)	
x_{10}	当年总产值(亿元)	盈利能力
x_{11}	增加值(亿元)	
x_{12}	主营业务收入(亿元)	
x_{13}	利润(亿元)	
x_{14}	利税(亿元)	
x_{15}	出口交货值(亿元)	国际竞争力
x_{16}	项目数(个)	
x_{17}	投产项目数(个)	
x_{18}	投资额(亿元)	资本运作能力
x_{19}	新增固定资产(亿元)	

(3) 样本选取

论文选取我国 2006 年所有 EMS 产业按不同主营业务分类作为研究对象,按国家统计局 2006 年度统计数据为样本,在遵循科学性、合理性和可操作性的原则下,选取反映 EMS 主营业务竞争力水平的 19 项指标。

各项数据均来源于中国国家统计局 2006 年公开发布数据,各科技指标数据见表 6-3。

表 6-3　2006 年 EMS 产业主营业务指标数据

指标	名　称	1 医药制造业	2 化学药品制造	3 航空航天器制造业	4 电子及通信设备制造业	5 通信设备制造	6 雷达及配套设备制造	7 广播电视设备制造
x_1	R&D 折合全部人员(万人年)	2.5	1.7	2.7	9.8	4.9	0.3	0.2
x_2	R&D 经费内部支出(亿元)	52.6	35.4	33.3	276.9	131.3	5.6	3
x_3	新产品开发经费支出(亿元)	55.8	35.6	35	312.2	137.5	3.6	4.5
x_4	新产品产值(亿元)	604.9	419.9	337.1	4 343.2	1 870.3	49.8	22.1
x_5	新产品销售收入(亿元)	569.9	403	305	4 173.5	1 770.9	47	22.1
x_6	专利申请数(件)	2 383	1 047	510	16 708	11 069	42	212
x_7	拥有发明专利数(件)	1 965	717	228	3 807	1 713	4	14
x_8	企业数(个)	5 368	2 138	173	8 606	1 224	52	359
x_9	从业人员年平均人数(人)	1 302 750	660 821	297 826	3 933 366	629 884	41 597	83 860
x_{10}	当年总产值(亿元)	5 019	2 028	828	21 217	7 284	129	252
x_{11}	增加值(亿元)	1 818	914	241	5 118	1 672	40	70
x_{12}	主营业务收入(亿元)	4 719	2 586	799	21 069	7 328	122	248
x_{13}	利润(亿元)	373	186	46	886	348	9	10
x_{14}	利税(亿元)	643	328	61	1 270	490	11	17
x_{15}	出口交货值(亿元)	539	368	121	12 131	4 035	24	99
x_{16}	项目数(个)	3 291	1 222	231	2 715	398	27	52
x_{17}	投产项目数(个)	1 460	495	82	1 134	162	8	22
x_{18}	投资额(亿元)	760	291	80	1 522	201	8	11
x_{19}	新增固定资(亿元)	490	185	39	1 123	121	2	7

注：1. 数据来源：中国国家统计局 2006 年公开发布数据《中国统计年鉴—2007》[163]。

第6章 我国EMS产业发展系统评价

8	9	10	11	12	13	14	15	16
电子器件制造	电子元件制造	家用视听设备制造	电子计算机及办公设备制造业	电子计算机整机制造	电子计算机外部设备制造	医疗器械及仪器仪表制造业	医疗仪器设备及器械制造	仪器仪表制造
1.4	1.7	1.1	2.5	1.3	1.1	1.4	0.2	1.1
40.9	43.1	50.6	72.9	40.9	30.7	20.7	5.2	15.5
46.6	57	59.3	82.8	44.3	35.7	24.2	5.1	19.1
610.4	376.9	1 379.3	2 958.5	1 880.5	997.5	249.6	39.4	210.1
489.6	391.8	1 415.3	2 963.1	1 889.1	995	237.3	36.9	200.4
1 531	930	2 843	3 221	1 228	1 950	1 479	503	976
783	528	729	1 174	180	974	967	202	765
1 433	4 033	898	1 293	166	937	3 721	780	2 941
709 202	1 741 688	568 309	1 215 585	391 867	725 472	695 367	150 114	545 253
3 895	5 809	3 304	12 511	6 381	5 479	2 421	474	1 947
1 104	1 462	622	2 111	848	1 118	7 777	166	610
3 861	5 701	3 286	12 634	6 600	5 385	2 364	454	1 910
119	299	70	278	94	157	196	43	152
117	399	132	359	120	199	279	60	219
2 380	3 417	1 916	9 998	5 264	4 212	688	168	520
547	1 155	164	298	59	189	972	287	685
216	529	61	125	25	76	426	122	304
615	493	79	188	42	121	210	63	148
498	364	57	128	30	78	119	38	81

（4）计算过程

采用上述数据，应用 EMS 产业竞争力主成分数学模型，选取能反映 EMS 产业竞争力的 19 个指标作为原始变量，运用 14.0 SPSS 软件做主成分分析评价[161,164]。

部分计算结果输出如下：

表6-4 因子得分系数
Component Score Covariance Matrix

Component	1	2	3	4
1	1.000	0.000	0.000	0.000
2	0.000	1.000	0.000	0.000
3	0.000	0.000	1.000	0.000
4	0.000	0.000	0.000	1.000

Extraction Method: Principal Component Analysis.
Rotation Method: Varimax with Kaiser Normalization.
Component Scores.

表6-5 旋转前因子载荷阵
Component Matrix[a]

	Component			
	1	2	3	4
x_{13}	0.985	0.101	0.009	−0.032
x_{14}	0.971	0.175	−0.016	−0.045
x_3	0.959	−0.184	−0.079	−0.179
x_7	0.958	0.105	0.013	−0.130
x_9	0.956	0.101	−0.016	0.147
x_2	0.953	−0.189	−0.086	−0.209
x_1	0.939	−0.099	−0.068	−0.268
x_{10}	0.937	−0.295	0.023	0.176

续 表

	Component			
	1	2	3	4
x_{12}	0.933	−0.308	0.023	0.178
x_{18}	0.900	0.325	−0.139	0.063
x_{19}	0.891	0.284	−0.152	0.076
x_6	0.891	−0.219	−0.046	−0.379
x_4	0.841	−0.505	0.010	0.100
x_8	0.841	0.492	0.104	0.062
x_5	0.828	−0.519	0.018	0.120
x_{15}	0.799	−0.518	0.062	0.286
x_{16}	0.705	0.665	−0.085	0.096
x_{17}	0.686	0.680	−0.079	0.112
x_{11}	0.562	0.205	0.791	−0.079

Extraction Method：Principal Component Analysis.
a. 4 components extracted.

表 6-6 旋转后因子载荷阵
Rotated Component Matrix[a]

	Component			
	1	2	3	4
x_{15}	0.971	0.149	0.122	0.114
x_5	0.925	0.139	0.290	0.098
x_4	0.918	0.155	0.313	0.097
x_{12}	0.881	0.371	0.253	0.141
x_{10}	0.874	0.383	0.254	0.144
x_3	0.679	0.424	0.583	0.107
x_2	0.667	0.412	0.610	0.102

续 表

	Component			
	1	2	3	4
x_{17}	0.054	0.960	0.107	0.125
x_{16}	0.070	0.958	0.131	0.123
x_8	0.259	0.869	0.205	0.315
x_{18}	0.405	0.828	0.291	0.071
x_{19}	0.430	0.797	0.284	0.049
x_{14}	0.507	0.714	0.413	0.198
x_9	0.620	0.690	0.246	0.162
x_{13}	0.569	0.665	0.412	0.214
x_7	0.510	0.631	0.487	0.225
x_6	0.578	0.308	0.732	0.146
x_1	0.577	0.454	0.642	0.135
x_{11}	0.207	0.328	0.131	0.907

Extraction Method: Principal Component Analysis.
Rotation Method: Varimax with Kaiser Normalization.
a. Rotation converged in 6 iterations.

表6-7 转换阵

Component Transformation Matrix

Component	1	2	3	4
1	0.656	0.608	0.404	0.192
2	−0.646	0.743	−0.126	0.123
3	0.001	−0.189	−0.177	0.966
4	0.389	0.209	−0.889	−0.123

Extraction Method: Principal Component Analysis.
Rotation Method: Varimax with Kaiser Normalization.

第6章 我国EMS产业发展系统评价

表6-8 总方差分解
Total Variance Explained

Component	Initial Eigenvalues			Extraction Sums of Squared Loadings			Rotation Sums of Squared Loadings		
	Total	% of Variance	Cumulative %	Total	% of Variance	Cumulative %	Total	% of Variance	Cumulative %
1	14.627	76.986	76.986	14.627	76.986	76.986	7.445	39.184	39.184
2	2.538	13.358	90.344	2.538	13.358	90.344	6.852	36.061	75.245
3	0.719	3.787	94.131	0.719	3.787	94.131	2.875	15.133	90.378
4	0.543	2.856	96.987	0.543	2.856	96.987	1.256	6.609	96.987
5	0.304	1.602	98.588						
6	0.123	0.645	99.234						
7	0.065	0.341	99.575						
8	0.043	0.228	99.803						
9	0.023	0.120	99.924						
10	0.010	0.055	99.978						
11	0.004	0.020	99.998						
12	0.000	0.001	99.999						
13	6.78E-005	0.000	100.000						
14	3.84E-005	0.000	100.000						
15	5.43E-006	2.86E-005	100.000						
16	1.57E-015	8.28E-015	100.000						
17	2.04E-016	1.07E-015	100.000						
18	-1.4E-016	-7.23E-016	100.000						
19	-4.8E-016	-2.53E-015	100.000						

Extraction Method: Principal Component Analysis.

表 6-9 主成分分析的因子载荷阵

Component Matrix^a

	Component			
	1	2	3	4
x_{13}	0.985	0.101	0.009	−0.032
x_{14}	0.971	0.175	−0.016	−0.045
x_3	0.959	−0.184	−0.079	−0.179
x_7	0.958	0.105	0.013	−0.130
x_9	0.956	0.101	−0.016	0.147
x_2	0.953	−0.189	−0.086	−0.209
x_1	0.939	−0.099	−0.068	−0.268
x_{10}	0.937	−0.295	0.023	0.176
x_{12}	0.933	−0.308	0.023	0.178
x_{18}	0.900	0.325	−0.139	0.063
x_{19}	0.891	0.284	−0.152	0.076
x_6	0.891	−0.219	−0.046	−0.379
x_4	0.841	−0.505	0.010	0.100
x_8	0.841	0.492	0.104	0.062
x_5	0.828	−0.519	0.018	0.120
x_{15}	0.799	−0.518	0.062	0.286
x_{16}	0.705	0.665	−0.085	0.096
x_{17}	0.686	0.680	−0.079	0.112
x_{11}	0.562	0.205	0.791	−0.079

Extraction Method: Principal Component Analysis.
a. 4 components extracted.

在总方差分解表 6-8 中,前四项因子解释了所有变量近 97% 的变异。提取前四项主成分,将前四个因子载荷矩阵记为变量 B_1, B_2, B_3,

B_4,按公式 6-10 计算特征向量 A_1, A_2, A_3, A_4,即可得出主成分 F 的表达式。

$$A_1 = B_1 / SQR(3.849) \qquad (6-10)$$

表 6-10 特征向量

No	A_1	A_2	A_3	A_4
1	3.82	-0.06	-0.08	-0.36
2	0.25	-0.12	-0.1	-0.28
3	0.25	-0.12	-0.09	-0.24
4	0.22	-0.32	0.01	0.14
5	0.22	-0.33	0.02	0.16
6	0.23	-0.14	-0.05	-0.51
7	0.25	0.07	0.02	-0.18
8	0.22	0.31	0.12	0.08
9	0.25	0.06	-0.02	0.2
10	0.24	-0.19	0.03	0.24
11	0.15	0.13	0.93	-0.11
12	0.24	-0.19	0.03	0.24
13	0.26	0.06	0.01	-0.04
14	0.25	0.11	-0.02	-0.06
15	0.21	-0.33	0.07	0.39
16	0.18	0.42	-0.1	0.13
17	0.18	0.43	-0.09	0.15
18	0.24	0.2	-0.16	0.09
19	0.23	0.18	-0.18	0.1

代入公式 6-1、公式 6-2 得到下面的主成分函数模型：

$$F_1 = 3.82x_1 + 0.25x_2 + 0.25x_3 + 0.22x_4 + 0.22x_5 \\ + 0.23x_6 + 0.25x_7 + 0.22x_8 + 0.25x_9 + 0.24x_{10} \\ + 0.15x_{11} + 0.24x_{12} + 0.26x_{13} + 0.25x_{14} + 0.21x_{15} \\ + 0.18x_{16} + 0.18x_{17} + 0.24x_{18} + 0.23x_{19} \quad (6-11)$$

$$F_2 = -0.06x_1 - 0.12x_2 - 0.12x_3 - 0.32x_4 - 0.33x_5 \\ - 0.14x_6 + 0.07x_7 + 0.31x_8 + 0.06x_9 - 0.19x_{10} \\ + 0.13x_{11} - 0.19x_{12} + 0.06x_{13} + 0.11x_{14} \\ - 0.33x_{15} + 0.42x_{16} + 0.43x_{17} + 0.2x_{18} \\ + 0.18x_{19} \quad (6-12)$$

$$F_3 = -0.08x_1 - 0.1x_2 - 0.09x_3 + 0.01x_4 + 0.02x_5 \\ - 0.05x_6 + 0.02x_7 + 0.12x_8 - 0.02x_9 + 0.03x_{10} \\ + 0.93x_{11} + 0.03x_{12} + 0.01x_{13} - 0.02x_{14} \\ + 0.07x_{15} - 0.1x_{16} - 0.09x_{17} - 0.16x_{18} \\ - 0.18x_{19} \quad (6-13)$$

$$F_4 = -0.36x_1 - 0.28x_2 - 0.24x_3 + 0.14x_4 + 0.16x_5 \\ - 0.51x_6 - 0.18x_7 + 0.08x_8 + 0.02x_9 + 0.24x_{10} \\ - 0.11x_{11} + 0.24x_{12} - 0.04x_{13} - 0.06x_{14} \\ + 0.39x_{15} + 0.13x_{16} + 0.15x_{17} + 0.09x_{18} \\ + 0.1x_{19} \quad (6-14)$$

主成分函数表达式为

$$F = 76.986\%F_1 + 13.358\%F_2 + 3.787\%F_3 + 2.856\%F_4 \\ (6-15)$$

第6章 我国 EMS 产业发展系统评价

表6-11 我国 EMS 主营业务竞争力综合排序

EMS 主营业务	F_1	F_2	F_3	F_4	F	排名
电子及通信设备制造业	24.217 037	-0.270 434 3	-0.154 993 9	-0.255 132 3	18.594 447	1
通信设备制造	6.172 178 4	-1.703 361 8	-0.155 534	-1.844 078	4.465 621 3	2
医药制造业	2.936 097 4	3.855 269 8	-0.661 996 2	0.509 482 4	2.764 851 9	3
电子计算机及办公设备制造业	2.535 742 9	-2.848 406	0.571 073 2	1.438 436 5	1.634 385 2	4
电子元件制造	-0.057 209 8	1.230 032 1	-0.193 510 5	0.838 194 4	0.136 874 7	5
医疗器械及仪器仪表制造业	-1.610 430 3	1.645 083 1	2.981 774 5	-0.430 492 4	-0.919 430 7	6
化学药品制造	-1.539 643 5	1.160 427 3	-0.381 054 2	-0.078 521 3	-1.046 973 2	7
电子器件制造	-1.711 154 8	0.367 661 5	-0.472 617	0.248 157 7	-1.279 048	8
航空航天器制造业	-1.583 595 3	-0.220 283 5	-0.459 237 9	-0.662 659 4	-1.284 889	9
电子计算机外部设备制造	-2.484 695 1	-0.942 483 2	0.134 252 3	0.341 269 8	-2.023 933 5	10
电子计算机整机制造	-2.311 512 5	-2.031 815 1	0.080 855 1	0.774 488 7	-2.025 769 5	11
家用视听设备制造	-2.818 763 2	-1.075 996 7	-0.183 921 4	-0.211 624 1	-2.326 793 8	12
仪器仪表制造	-3.190 192 7	0.831 587 9	-0.184 984 7	-0.084 713 6	-2.354 343	13
医疗仪器设备及器械制造	-5.956 878 9	0.234 926 2	-0.313 661 2	-0.146 743 1	-4.570 650 7	14
雷达及配套设备制造	-6.255 092	-0.154 981 8	-0.315 708 1	-0.239 065 5	-4.855 031 2	15
广播电视设备制造	-6.341 943 7	-0.077 226 2	-0.290 743 8	-0.197 011 1	-4.909 361 8	16

(5) 结果分析

我国 EMS 产业主营业务竞争力的综合排序如表 6-11。排名前四位的各项主营业务明显具有显著的综合竞争力，在我国 EMS 产业发展过程中应作为其核心业务，重点发展。研究结果阐析了 EMS 产业各主营业务竞争力大小，为政府部门、产业组织制定产业发展策略提供了科学依据。

6.2.3 基于专家评分法的企业发展竞争力评价

我国 EMS 产业发展的评价内容从宏观到微观、从整体到局部，内容既有横向的广度，又有纵向的深度，是一个多层次、多目标和多属性的复杂系统，对此综合系统的分析和评价，仅依靠确定主营业务的主成分分析来规划产业发展方向还不足以形成完整的评价。产业发展关键在于其核心企业的竞争力。采用专家评分法的评价方法，对核心企业运营情况和集群度作出客观评价，有利于解决企业层面的竞争力评价问题，与主成分分析法基于产业层面的竞争力评价相结合，形成完整的评价体系，促使我国 EMS 核心大企业和 EMS 产业集群竞争力的提升。

(1) 评分指标设计

基于这种专家评分法的评价体系可以设计如下（见表 6-12）。以 0～6 分为评价分，0 为最低分，6 为最高分，4 分以上为设定目标。其中 0～2 分表示我国 EMS 产业运营指标低于目标，呈下降态势；2～4 分表示我国 EMS 产业运营指标低于目标，呈上升态势；≥4 分则表明各项运营发展良好，具有很强竞争力。采用算术平均法计算各项指标得分，分析企业的弱项指标。

设定评价体系主要目的是发现我国 EMS 产业在运营中待改善的部分，激发持续的产业自主创新，使我国 EMS 产业发展能具有更为持久的动力，既不放弃既有的优势，又争取新优势，在创新的过程中构建可持续的竞争优势。选取我国典型的大中型 EMS 本土企业作为范例,对其发展程度进行测评,其评价结果示范如下。

表 6-12 我国 EMS 产业发展的评价结果范例

评价指标		评分标准	评 分 0~2,运营指标低于目标,呈下降态势; 2~4,运营指标低于目标,呈上升态势; ≥4,运营发展良好,具有很强竞争力。
EMS 企业的运营能力	企业创新力	≥4.0	2.5
	财务指标	≥4.0	3.2
	销售指标	≥4.0	3.4
	研发指标	≥4.0	2.6
	生产运营指标	≥4.0	3.2
	物流指标	≥4.0	2.9
EMS 企业集群度	集群集聚度	≥4.0	3.0
	政府行为与环境因素	≥4.0	3.0
	价值链管理能力	≥4.0	2.0

(2) 评价体系内容

① 基于提升 EMS 企业运营能力的评价指标

我国 EMS 产业要具备国际竞争力,必须首先要培育核心 EMS 大企业。只有具有国际市场竞争力的 EMS 大企业才能在我国 EMS 产业发展中起到领导和领袖作用,决定产业发展方向、发展速度、技术标准以及资源在整个社会及世界范围的配置。大企业在全球范围内安排价值链的分工,也成为市场秩序的维护者[9]。然而,作为整个价值链体系中的一个环节,单个企业的力量无法成就大企业。培养产业内的核心企业,就如同众人叠罗汉,有人站在上面,有人站在下面,众多跨国 EMS/OEM 企业的成就无一不证明了这一道理。我国 EMS 产业追求可持续发展,必须要从单个企业的运营模式转变为与价值链上所有合作伙伴的合作共赢,学会价值分享,建立伙伴式的合作关系,培养我国 EMS 产业中的核心大企业。我国 EMS 产业发展的评价体系也应基于提升核心企业的运营能力,主要指标有六项:EMS 创新力、财务指标、销售指标、研发指标、运营指标、物流指标。

② 基于提升 EMS 企业集群度的评价指标

产业内核心企业的形成促使产业良性循环,并对产业价值链上其它合作企业起到领袖的作用,引导产业发展方向和产业内生产运营标准、质量体系、管理体系的形成,对产业内资源的优化配置起到良好的引导作用。核心 EMS 大企业的形成有助于建立与跨国 EMS 企业、跨国 OEM/ODM 企业合作的平台,形成全球范围内资源共享,提高产业集群度。我国 EMS 产业发展的评价体系应着力于提升企业集群度,其主要指标有:集群集聚度、政府行为与环境因素和价值链整合管理能力。

(3) 应用与结果分析

表 6-12 中该 EMS 企业的运营能力可表述为:企业创新力、研发能力、盈利能力、生产运营能力及物流能力等各项指标仍低于目标水平,与跨国 EMS 同行相比,竞争力仍显薄弱。我国 EMS 产业集群度的各项指标:产业集群度、政府行为和环境因素指标处于上升态势,但与同行的跨国 EMS 产业相比,仍有相当的差距,我国 EMS 产业的价值链管理能力显得非常薄弱,由于跨区域、跨地区间的产业政策、法规、制度不同及其区域性特点,跨区域的、全球化价值链协同能力显得尤为薄弱。采用更为直观的蛛网图来演示范例中我国 EMS 产业发展的评价结果(图 6-2),可以更为清晰地发现我国 EMS 产业在发展中除了提升综合竞争力急需改善的几个方面:价值链管理能力、核心企业创新力和研发能力。

我国 EMS 产业发展竞争力评价体系是动态变化发展的。EMS 产业主营业务的不同、核心 EMS 企业规模、战略、运作目标以及企业所处

第6章 我国EMS产业发展系统评价

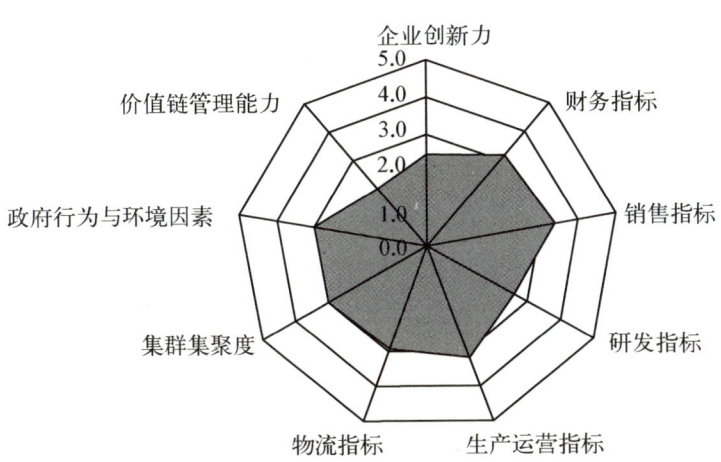

图6-2 我国EMS产业发展的评价结果范例——蛛网图

的生命周期阶段的不同、价值链上合作单位的企业战略不同,选择竞争力评价体系指标的侧重点也会有较大差异。我国EMS产业发展的评价体系,作为产业发展的重要评价指标体系,可用于我国EMS产业在发展中的自我规划和测评,帮助我国EMS产业在发展中选择适合的主营业务、及时纠偏、调整发展方向。以上研究只涉及了综合指标体系设计及其初步运用主成分分析法、专家评分法针对范例所作出的测评结果,关于我国EMS产业发展的评价体系中各项指标的进一步量化、细分问题,以及竞争力评价体系如何在不同地区、不同规模的EMS产业集群组织中有效地实施,还有待后续研究作进一步论证。

第7章
我国 EMS 产业发展协同模式构建及标准化运作

EMS 模式经历了数十年的市场测试,事实证明它具有良好的弹性。传统 EMS 解决方案大多致力于提升集成化的供应链竞争能力。

(1) 专注于传统的供应商管理。目前跨国 EMS 企业常用的一些供应商管理工具:供应商管理库存(Vendor Management Inventory,VMI)、生产实时补货系统(Line Side Replenishment,LSR)、看板式拉动补货系统(Vendor on Pull,VOP)、供应商最大-最小量库存管理系统(vendor inventory minimum-maximum control,Min－Max)等。作为实时网络沟通工具,这些管理工具能确保企业与合作供应商基于不同物料需求计划系统之间的数据交流和信息传输。对于 EMS 企业确保其供应商实现对终端市场需求的快速反应,这些系统还有其局限性,有待进一步改善。

(2) 专注于客户需求集成。为了避免"牛鞭效应",相当多的企业采用了通过人为调整的需求确认管理流程(Demand Commit Process,DCP)来追踪市场需求的变化情况。一些同类管理工具被广泛用于 EMS 企业的需求波动管理中,如:需求辐射图(Demand Amplification Mapping,DAM),需求定向瀑布分析图(Demand Waterfall Analysis,DWA)和需求确认图

第 7 章 我国 EMS 产业发展协同模式构建及标准化运作

(Forecast Commit，FC)等。由于这些系统与后向供应链管理工具之间没有接口，造成需求管理工具在企业价值链上的信息流传递中出现缺口。

（3）专注于取消组织结构障碍。传统 EMS 企业认为组织结构间的信息传递缺口是组织结构障碍所致。组织内部资源重组后，在短期内对企业提高终端市场反应速度能力是明显的，但随后，很多 EMS 企业发现来自客户、供应商的信息并不能完全吻合，由于组织结构障碍问题，企业仍面临资源浪费和重复计划的问题。

分析跨国 EMS 企业飞速发展的管理模式，这些 EMS 企业遵循一些系统协同的管理方法，但尚未形成系统化的理论总结。相对跨国 EMS 企业而言，我国 EMS 企业不仅缺乏现行协同模式指导，也缺乏系统化的协同理论指导。借鉴跨国 EMS 的协同管理模式，构建有高度弹性、可操作性强的协同模式，对我国 EMS 产业实现可持续发展至关重要。

沿着成功跨国 EMS 产业发展的轨迹，在多年实践经验的基础上，结合价值链理论，构建了适合我国 EMS 产业发展的协同模式。协同模式的构建立足于全球价值链的前向、后向整合，从两方面着手，一是立足于产业层面，构建嵌入全球价值链的产业间价值链协同模式；二是从企业视角，构建嵌入全球价值链的企业间供需协同模式来培养我国 EMS 产业的核心能力[1][2]。

协同理论的运用为以下问题提供了最佳答案："当市场需求发生变化时，我们的产业组织和企业组织将多快能做出回应[165, 166]。"事实上，

---

① Synthia Xin Shen, Chuan Feng Han, China electrical manufacturing services industry value stream mapping collaboration, Journal of Flexible Service and Manufacturing，DOI：10.1007/s10696-007-9016-6，Vol. 18 number 4，(December 2006). March 16, 2007, pp. 285-303，ISSN：0920-6299 (print version)，ISSN：1572-9370 (electronic version). EI, SCI 收录期刊。

② 沈昕，韩传峰，中国电子制造服务业需求协同模型的构建与应用研究，工业工程管理，2007年第 3 期，第 77～81 页，同济大学 A 类核心刊物。

企业具备越快的反应速度,越能获取更多市场机会和更大份额。今天跨国 EMS 企业的成功印证了协同能力、迅速反应能力对企业成功的重要性。无疑,协同能力的提高能帮助我国 EMS 产业提高对全球资源的整合能力、集中运用全球价值链上一切可利用的资源,强化自有优势,并提升在国际市场上的核心竞争力。

7.1 嵌入全球价值链的产业内价值链协同模式[167]

管理大师 James Martin 认为价值流是"从起点到终点的实际物流、信息、业务活动系列,每项活动的目标均是令单一客户满意。价值流忽略传统的产业组织边界、系统或管制,使业务活动产生价值。"对产业价值流的分析又被称为物流和信息流的分析过程(Material Information Flow Analysis,MIFA)。基于价值流分析的价值链协同模式是一种立足于丰田汽车精益制造理念、丰田生产方式(Womack and Jones,1996;Monden,1983)[168]的直观价值链分析工具[169]。运用这种直观的精益分析方法可以帮助产业组织减少发展过程及运营活动中各种资源浪费以达到无缝化制造的要求。大野耐一先生的《丰田生产方式》是世界制造业史上的一大奇迹。作为丰田生产方式的鼻祖,大野耐一被誉为"日本企业复活的教父",他缔造的丰田生产方式(Toyota Production System,TPS),引起了美国制造业的震惊,震撼性地冲击了美国制造业塑造的"福特式生产方式"。美国麻省理工学院的研究人员,把丰田生产方式演进为"精益生产理念",认为是"没有浪费的精干型生产系统"。美国通用汽车利用加州与丰田的合资公司,间接地学习 TPS 的真谛;福特汽车则通过把丰田(美国)公司的员工吸引过来,利用外脑,打造成 TPS

的福特版;克莱斯勒公司向已经 TPS 化的福特取经学习;德尔福,这个全球最大的汽车零部件生产商也实施了 TPS。精益制造理念被引入跨国 EMS 企业的生产制造中,同时也被引入 EMS 产业组织的价值链分解、重组活动中,使产业组织通过比竞争对手更准确的信息、更合理的资源配置来开展产业组织的重要战略活动,赢取竞争优势。

在经济全球化的大趋势下,现代企业获得竞争优势的基础已经超出了单个企业的能力和资源范围,竞争已从单个企业扩展到了企业所在的产业。企业竞争优势更多地源于与产业价值链上下游各环节的系统协同中。同一产业链上的企业可能一荣俱荣、一损俱损。现代企业的竞争优势不仅来源于自身的资源与核心能力,而且已经演绎为企业所在的产业价值链之间的竞争结果[140]。

7.1.1 价值链架构

当全球经济发展寻求产业组织间更为紧密的合作时,新技术的发展改变了产业组织的规模经济水平,也影响了产业间的竞争格局,形成了产业分工的新格局。市场规模的扩大为产业分工进一步细化创造了条件,使 EMS 产业与 OEM 产业的产业链联合加剧,通过水平整合,提高市场集中度,增加合作联盟对市场的控制力。水平整合的策略,意在保持各合作联盟独立自主性的前提下,通过水平联合的运作方式,在合作联盟之间形成信息、资源共享的局面,通过联合充分利用市场势力,达到共同发展的目的。但由于存在信息不对称和囚徒困境,这种联盟往往很难稳定。各种价值活动的有效组合程度,也决定着该价值链的竞争优势和产业组织的竞争力。跨国 EMS 产业在实行全球化策略,进行全球水平整合的过程中,发现运用嵌入全球价值链的产业内价值链协同模型可以规避信息不对称的风险,增加产业间的互相信任度和依存度。价值链协同模型运用基于两个主要目的,一是产业间充分共享资源、信息、实现规模经济和区域经济的优势;二是利用市场优势,谋取产业发展,尽最大可能获取利润,延长产业的生命周期。

价值链理论的鼻祖,迈克尔·波特(Michael,1985)[170]最早提出了运用价值链分析企业组织的所有活动及企业组织内、各合作企业间的相互作用,及运用这种系统性分析方法分析企业组织竞争优势的必要性。企业组织的价值链体现在超出价值系统更为广泛的一连串活动之中,协调一致的价值链,才能起到支持企业组织在市场竞争中获取竞争优势的作用[170],并随后提出了价值链的架构图(图7-1)。价值链的最优化和协调一致将为企业组织带来竞争优势。通过价值链整合,消除原价值链体系中的浪费、重复现象,去除各合作联盟间不必要的步骤、提高信息传递在价值链上的透明度将有利于企业组织获取竞争优势[171](Fisher,1997;Holmström,1995;Heikkilä,2002)。

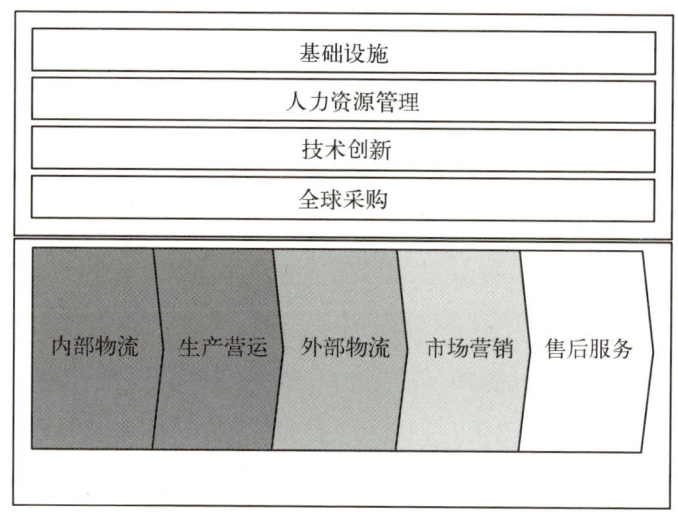

图7-1 迈克尔·波特基本价值链架构图
信息来源:12 manage, www.12manage.com

价值链架构是分析企业组织与价值创造和竞争优势培育相关联的各项产业内、关联企业间各项业务活动的管理模型。价值链架构提供了系统的方法将企业组织划分为相互分离的业务单位活动，以分析各组织结构分工协作的过程。

运用迈克尔·波特的价值链架构图（图 7-1）分析我国 EMS 核心企业的各业务单位活动。我国 EMS 核心企业主要活动可以表述为五个方面。

（1）内部物流（Inbound Logistics），包括物流进入 EMS 企业的来料接收、ESD 敏感元器件来料测试、来料检验、仓储、工单领料、原材料搬运、库存控制、进口物流及运输规划等。

（2）生产营运（Operation），包括集成线路板表面贴装、插入式元器件组装、湿敏包装、集成线路板组装、生产计划、生产制造流程控制、设备维护、集成线路板飞针测试、终端测试及其他所有将资源由输入转变为产品输出的价值创造活动、增值活动。

（3）外部物流（Outbound Logistics），指终端产品送抵客户后的所有活动，包括成品入库、看板管理、成品仓库管理、销售订单管理、成品物流管理、运输、分销服务、生产进度安排、分销运输管理等。

（4）市场营销（Marketing and Sales），指一系列促使 OEM/ODM 客户购买 EMS 服务的活动，包括供需管理、订单及需求预测管理、销售渠道选择、广告及企业形象策划、市场促进、客户关系管理及定价等。

（5）售后服务（Service），包括维持和提高产品价值的一系列活动，如集成线路板售后维修服务、保质期承诺、客户售后支持、产品维修服务、售后安装服务、备用件管理、产品升级、集成化 EMS 精益生产培训服务、精益改善方案共享等。

除主要活动以外，我国 EMS 企业价值链活动还涉及四类基本的辅助活动。

（1）全球采购（Global Procurement），包括 EMS 供应链管理、元器件供应商选择、原材料全球采购、全球采购信息共享、零备件、采购信息系统维护、本地化采购管理及 EMS 企业各项营运设备采购管理等。

（2）技术创新（Technology Innovation），包括支持全球价值链上各项创新活动的技术发展，表面贴装技术创新、产品制造技术研发、技术流程自动化程度的提高、生产测试技术创新、产品研发、售后维修技术支持等。

（3）人力资源管理（Human Resource Management），包括内部人员技能培训、技术能力发展培训、人力资源保持、员工及管理人员薪酬回报、为其 OEM/ODM 企业提供高素质的服务型人才等。

（4）基础设施（Firm Infrastructure），包括企业运营设施配置、规划管理、计划管理、质量管理、企业外部环境和法律、财务、会计、公共事务等各项以客户服务为中心的企业管理活动等。

7.1.2 我国 EMS 产业发展的价值链协同模型

将价值链架构的理念运用到我国 EMS 产业与其合作联盟的协作中，引入精益制造理念，建立嵌入全球价值链的产业间价值链协同模型。该模型是我国 EMS 产业实现与其合作伙伴无缝化协作，应对动态市场变化的关键工具。模型可以设计成物料资源计划（Material Resources Planning，MRP）的子系统，通过文件传输协议（File Transfer Protocol，FTP）、电子数据交换（Electronic Data Interchange，EDI）和 webpro 等直观的数据传输系统实现企业间信息在价值链上的交流（图 7-2）。

整合协作的价值链在一个完整的大系统中通过产业内各企业间协同运作的方式，实现了信息的无障碍传输。产业内部各协作单位间原有的组织界限被打破，各企业所用不同的物料资源计划系统突破了企业原有的边界，合作企业有选择性的系统信息共享实现了实时的在线更新，使产业内各企业间的资源共享具备了基本的系统条件，实现了 EMS 企业价值链与客户端价值链、供应商价值链之间的同步，为 EMS 企业增

第7章 我国 EMS 产业发展协同模式构建及标准化运作

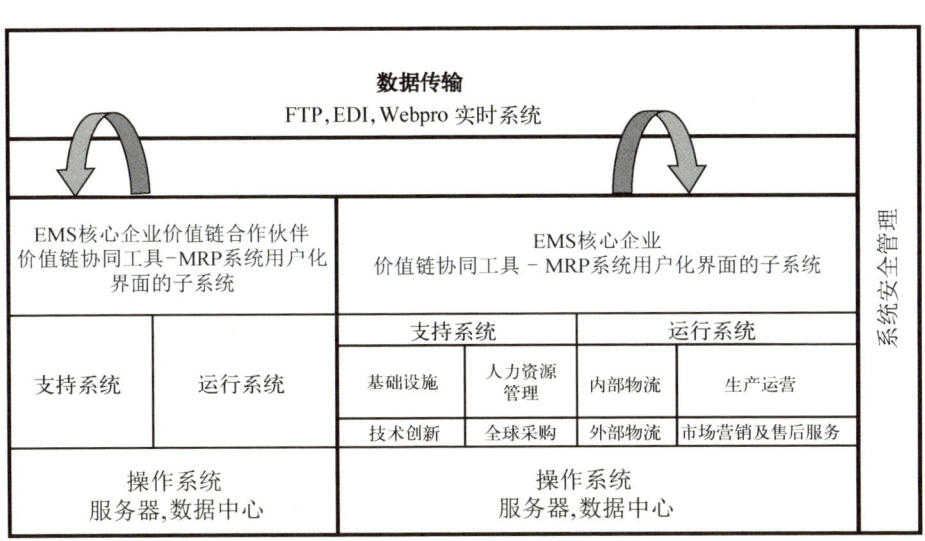

图 7-2 价值链协同系统信息交流结构图

强对整体价值链的掌控提供了机会。EMS 企业通过影响供应商价值链、客户端价值链的结构,改善 EMS 企业与供应商价值链、客户端价值链之间的关系,使 EMS 企业与客户、供应商共同受益,达到协调和综合优化的目的。良好的客户关系与供应商合作关系,反过来又促进 EMS 企业价值链的改善,通过联盟合作获得比单个企业更强的竞争优势。

立足于我国 EMS 核心企业与合作企业的价值链整合,研究该模型在典型 EMS 企业内的应用,① 描述价值链及核心 EMS 企业内部、外部的物流、信息流,去除合作组织间的、整体价值链中的多余步骤;② 整合各合作企业间不同的生产运营过程,使之成为一个连续的生产价值流;消除价值链上各合作企业间的组织边界,使价值链整合后的增值部分由各合作企业共享;③ 通过价值链合作企业间的协同,提高其在需求管理、协同计划、供应链管理、协同生产运作和透明化的业绩衡量体系等方面的管理、计划能力;④ 重整价值链,使其协调一致,达到最优化,以减少价值链上合作成员的成本,谋取共同利润增长。

7.1.3 模型应用

选择目前六大跨国 EMS 企业中一家典型的 EMS 企业,分析价值链协同模型在该企业中的运用效应。目标 EMS 按以上设计的价值链协同模型,将其设计为 SRP 系统的一个子系统(SRP 为 MRP 系统的一种常见系统),运用直观的系统方法来支持数据传输,并将其作为与供应商的一个主要系统接口。在模型运用过程中,发现价值链活动中许多多余部分得到了改善,重复浪费被移除,价值链活动具有了精益制造理念。目标 EMS 企业业绩表现与之前相比,在市场份额、销售业绩、利润及企业形象等方面都有了很大改善,实现了更高的灵活性、良好的周转率和更短的市场交货时间,远远地超越了竞争对手。

按价值链协同模型的分析方法和应用思路,分析我国目标 EMS 核心企业在应用模型前的"当前状态"和应用模型后的"未来状态",分析价值链的各项活动,去除多余、重复及浪费现象。通过目标 EMS 企业的模型应用情况,说明该价值链协同模型的效用。

运用价值链协同模型,EMS 企业减少了:① 不必要的等候时间;② 不必要的运输;③ 过度生产、生产过快或已超出客户需求量;④ 不适合的生产流程或生产动作;⑤ 不必要的库存;⑥ 不必要的动作;⑦ 产品质量问题。

价值链协同模型的分析、应用可按以下步骤进行。

(1) 定义产品生产制造所需的 TAKT 时间(图 7-3)。作为衡量生产率的一项指标,TAKT 时间指单元生产一个满足 EMS 企业交付客户要求的成品零件所需的速度。其中,TAKT 时间指客户需要产品的步幅;周期时间指生产过程中产品循环的时间;前置时间则指产品总生产时间从开始到结束,包含在制品存货时间在内的总时间。TAKT 时间控制将促使标准化生产,防止生产制造零件从一道较快的工序流向较慢的工序时发生不必要的堆积,并防止零件从较慢工序流向较快工序时出现空闲的等待时间。

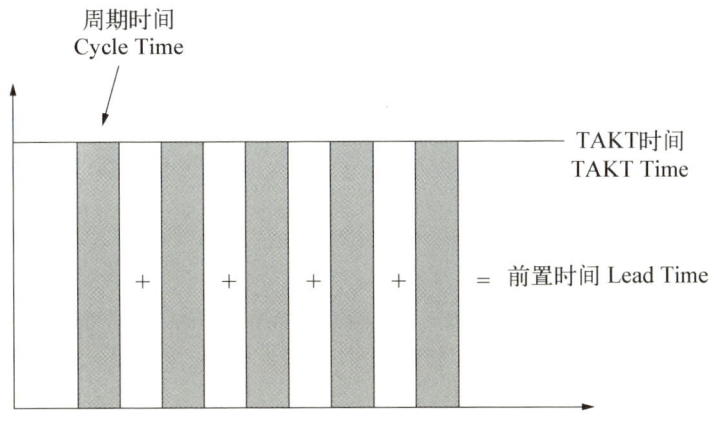

图 7-3 TAKT 时间计算示意图

（2）引入精益制造理念,设计连续生产制造流程。为避免传统 EMS 生产制造布局中常见的工件交叉流现象,按产品生产、制造、测试等工序循序来布置加工制造设备和工作站,以支持材料和零部件顺畅流动,使传送和延迟减至最低程度。

（3）在 EMS 企业原材料管理中引入超市管理的物料管理理念,使物料管理更为直观,减少原材料在厂内的堆积时间。按合作供应商的原材料质量水平,划分出高质量原材料,运用直接到库模式(Direct to Store,DTS),减少原材料在收料区和仓库的运输、等待时间,使原材料的总采购时间减小,企业的库存周转率提高。

（4）运用需求协同模型工具,均衡化 EMS 企业内部的生产计划,通过小批量的拉动式需求管理,确保企业内部不间断的工作流,应对外部市场需求的变化。

（5）将客户需求管理与 EMS 企业内部的生产计划管理流程同步化,实现流程的连续性,使实际市场需求与企业内部生产计划需求的差距最小化,实现快速反应、同步调整,并达到企业内部产能最大化。

(6)将协同管理后的客户需求传送至供应端的各供应合作伙伴,引导供应链的实时供给,减少供给与需求之间的差异,提高供应调整的弹性。

选用目标 EMS 企业作为实例,应用以上价值链协同模型,目标 EMS 企业按价值链协同模型的分析步骤,分析价值链"当前状态"中每一步的价值活动,列出价值链协同后可能改善的价值活动,并将类似性活动归纳至某一职能部门中,与其他部门活动按差异性将其分开。价值链当前状态在初步分析完成后将作为价值链协同模型分析的基础(图 7-4)。

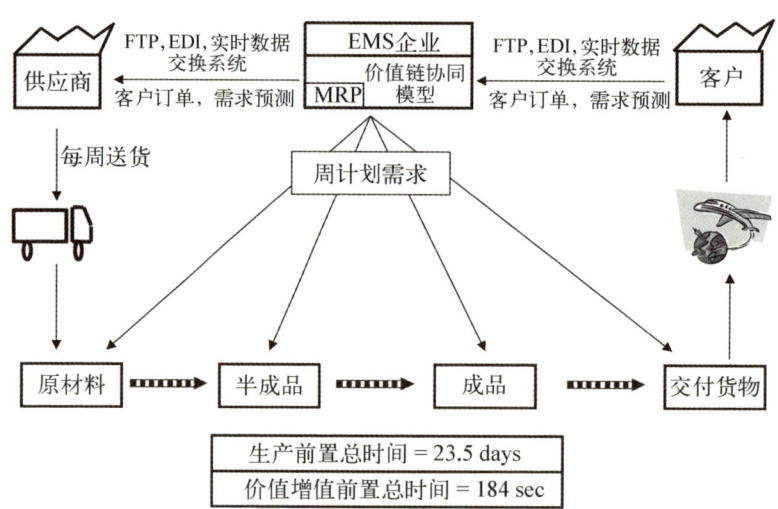

图 7-4 价值链协同模型下的目标 EMS 企业当前状态

范例中该目标 EMS 企业按当前状态的描述,客户端的销售预测是每周向目标 EMS 企业发送一次。EMS 企业将每周销售预测转换成企业内部每周需求量,将需求信息传送给供应端的合作伙伴。同时,EMS 企业也制定相应的周计划来管理内部生产制造及运营。我们从其"当前状态"中选取了各项用以评估价值链指标的数据,选用生产前置时间

(Production Lead-time，PLT）和增值前置时间（Value-added Lead-time，VA LT)作为两项主要指标来研究价值链协同模型运用前后两项指标的不同。分析过程假定其它各项指标对 EMS 企业整体市场表现有非常轻微的影响，在以下研究中将被视为固定的常数因子。

根据目标 EMS 企业当前的作业流程，得出 PLT 和 VA LT 两项指标在价值链上不同工位的数据。

（1）原材料从供应商运输至目标 EMS 企业的运输前置时间，PLT 为 5 天。

（2）原材料从收料区，经过原材料仓库，移至生产区的时间，PLT 为 9.4 天，VA LT 为 39 秒。

（3）经过生产组装制造，半成品从生产区转移至成品区的时间，PLT 为 4.6 天，VA LT 为 106 秒。

（4）成品经过最终测试，从成品区运送至终端客户手中，PLT 为 4.5 天，VA LT 为 39 秒。

运用简单的数学方法，累加 PLT、VA LT 时间，从图 7-4"当前状态"中可以看出，目标 EMS 企业根据当前作业流程，总计所需 PLT 为 23.5 天，VA LT 为 184 秒。目标企业花费在作业流程计划中的总时间是相当长的，企业作业流程与其供应商作业流程间也有资源重复和浪费的现象。

在此基础上，目标 EMS 企业重新分析当前状态的每一价值活动步骤，按价值链协同模型的分析步骤，在当前状态的基础上对每一步价值活动进行重新衡量，去除多余与重复部分。

（1）根据最优化生产流程计划，产品生产 TAKT 时间被重新定为 1 天。

（2）最大可能地设计连续作业流程，去除了作业流程的多余、等待及重复现象。

① 将客户端传送至目标 EMS 企业的需求预测从每周计划改为每天计划,产品总前置时间从原来的 7 天减少至 1 天。

② 需求预测从 EMS 企业向供应商的传递从原来的每周计划改为每天计划,产品总前置时间从原来的 7 天改为 1 天。

③ 在现有的企业物料资源系统的基础上,运用新的价值链协同系统平台来支持在 EMS 企业、其客户、供应商之间多方向、多决策的实时数据传输。数据传输时间由原来的 7 天减少至 1 天。

④ 原材料从供应商至目标 EMS 企业的运输方式由原来的每周送货方式改为连续性的每天送货方式,运输时间由原来的 5 天缩短至 1 天,实现了 EMS 企业内部运营的物料连续性供给。

⑤ 成品运输从每周送货方式改成连续性的每天送货方式,使 EMS 企业整体交货的运输时间缩短至 2 天。

(3) 原材料管理由原来的集中仓储式管理变为直观的超市管理,起用注重来料品质的直接到货 DTS 管理方式来缩短原材料在供应商和目标 EMS 企业之间的流动时间。原材料总前置时间从原来的 9.4 天改至低于 2 天。

(4) 运用需求协同模型来支持对终端客户需求的均衡管理,协同后的需求传递至目标 EMS 企业的内部生产计划运营中,建立了小批量、连续性的拉动式内部生产需求,原始的客户每周需求通过需求协同模型均衡化地分摊至企业每天生产计划,使企业内部产能得以最大化利用,减少了多余的等待成本和时间浪费,使企业内部计划和客户需求达到了精准的匹配。

(5) 在目标 EMS 企业、客户和合作供应商之间,共享的价值链协同系统平台使信息、数据交换对任何一方都是实时可视的,任何的市场信息变化,在同一时间,就可以传送给合作联盟的任一方,价值链上的价值活动随时可应市场信息变化作出调整,简化了合作各方的沟通时间,促

第7章 我国 EMS 产业发展协同模式构建及标准化运作

使资源在价值链上的合理配置。

（6）在价值链上各合作方之间的协同信息流不断促使目标 EMS 企业与其合作伙伴的无缝化协作，促使价值链运作无限贴近市场需求，成为良性循环的作业流程。

应用价值链协同模型后，价值链上没有增值部分的业务活动将被去除，浪费和等待现象也不断减少。利用价值链协同系统实时的数据支持，目标 EMS 企业原先的每周作业计划改为连续性的每天作业计划，其改善后的状态可表述为目标 EMS 企业的"未来状态"（图 7-5）。总结在价值链协同模型应用后的变化，不必要的等待时间、运输时间、作业流程和不必要的价值链活动被去除了，产品总前置时间减少非常可观，原有流程中所必需的重复资源也在协同运作完成后得到了优化。

从 PLT、VA LT 两项核心影响因素来看价值链协同模型的使用效用，目标 EMS 企业在其价值链未来状态下的两项指标绩效可总结为三点。

（1）供应商至目标 EMS 企业的运输时间大幅减少，PLT 为 1.5 天。

（2）从原材料到成品的作业时间减少，PLT 为 1 天，VA LT 为 166 秒。

（3）从成品至交付客户的作业时间减少，PLT 为 2 天。

从图 7-5 目标 EMS 企业的未来状态中分析，累加各步骤 PLT、VA LT 所需作业时间，在协同完成后的 PLT 减少至 4.5 天，VA LT 减少至 166 秒。

分析对比价值链协同模型应用前后两项主要指标业绩，目标 EMS 企业实现的改善显而易见。PLT、VA LT 两项主要指标的改进如表 7-1 所示。生产总前置时间 PLT 缩短了 81%，共 19 天，产品增值总前置时间 VA LT 缩短了 10%，共 18 秒。经过实例论证，价值链协同模型可视为我国 EMS 企业整合客户需求和供应商供给的一个实用模型，在

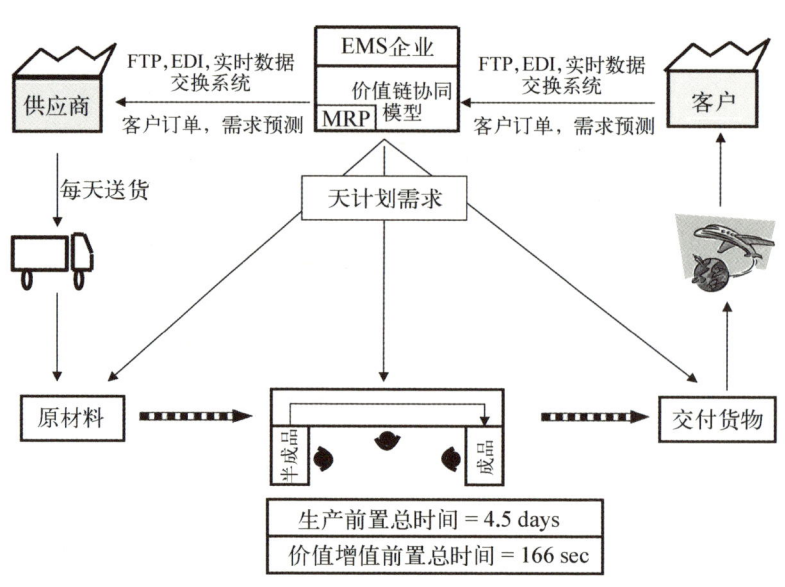

图 7-5 价值链协同模型下的目标 EMS 企业未来状态

全球价值链体系中驱动了我国 EMS 企业连续性的协同运作和不间断的改善、创新活动。

表 7-1 价值链协同模型主要影响因素

价值链协同模型主要影响因素	当前状态	未来状态	减少的时间量(天)	减少时间量的比例(%)
生产前置时间(天)	23.5	4.5	19	81%
增值前置时间(秒)	184	166	18	10%

除以上两项指标的改善,在该模型的应用中还发现其他一些指标在价值链协同运作中都有不同程度的改善,减少了价值链上目标 EMS 企业内部及外部与其合作伙伴的前置时间;减少了增值部分的前置时间;减少了生产营运的总成本,企业内部总库存和价值链协作方的销售管理成本;大幅缩短了市场交付时间;提高了目标 EMS 企业对市场变化的快速响应能力;价值链协同模型经过实例证明是能为 EMS 产业提供快

速响应市场需求的创新工具,它在其客户 OEM/ODM 产业、供应商与 EMS 产业的集成化协同基础上提供了实用的系统支持,帮助目标 EMS 企业实现供给与终端市场需求的无缝化整合。

随着 OEM/ODM 产业和 EMS 产业间分工的深化,两者间的关系向战略伙伴关系升级。不仅 IBM、HP、Intel、Dell、Motolola、思科系统等美国电子信息产业巨头将大量的制造业务剥离给 EMS 企业,甚至连 SONY、NEC、东芝和三星等在生产制造上一向具有竞争优势的日、韩企业,也开始将其国内外部分制造基地出售给跨国 EMS 企业,并向 EMS 企业发出巨额订单。与此相应,EMS 企业向 OEM 企业提供的服务也从单纯的生产制造向产品设计、部件采购、物流和售后服务等价值链的上下游扩展,跟随 OEM/ODM 产业的全球化步伐,EMS 产业在世界主要市场的制造基地也展开了全球化部署的局面,以提供全球化的供应链服务。OEM/ODM 产业在全球范围内寻求 EMS 产业合作伙伴的目的,无疑是追求总成本节约效应,以谋求价值链整体成本的节约,在材料全球采购、生产制造、物流、维修服务等各环节上谋求最大利润。在全球诸多低成本中心,中国无疑是最佳的全球制造中心。我国所拥有的人力资源、地理位置及政策支持等各方面的优势是全球其它地区所不可比拟的(Hameri, et al., 2004)[172]。然而,除了成本因素之外,在电子产品生命周期日渐缩短的经济全球化环境下,我国 EMS 产业是否具备快速、灵活、准确的配套服务能力,并实现按市场需求实时供给,成为我国 EMS 产业能否取得竞争优势、市场份额的更为重要的因素。

通过以上模型应用实例,在目标 EMS 企业中应用价值链协同模型提高了企业价值活动增值部分。通过整合、重新规划目标 EMS 企业与合作伙伴之间的价值链活动,协同后的价值链体系成为完整的共享系统平台。整合后的系统结构支持了 EMS 产业内,各企业间更为宽广的信息、资源共享,强调了以客户为中心,以满足市场快速需求变化为最终目的的高弹性价值链协同体系。价值链协同系统与 EMS 企业 MRP 系统或企业资源计划管理系统(Enterprises Resources Planning，ERP)具有数据接口平台,使价值链协同模型具有了系统的特点,并具备生态系统自我调节、灵活和高适应性的特性。我国 EMS 产业可以运用该模型对产业内各职能部门根据自身发展现状进行价值链协同分析。价值链协同模型可以运用在以下几个方面。

(1) 生产流程优化

价值链上各价值链业务活动单元的流程最优化并不决定价值链整体流程的优化。我国 EMS 产业在运用价值链协同模型时,应考虑产业内部各合作成员与核心 EMS 企业间多方面的评估结果和资源利用最优化,片面追求局部生产计划和流程的优化,反而达不到价值链整体优化的目的[173](Bhatnagar, Chandra and Goyal, 1993)。生产流程过程的产能分析也应基于价值链整体的产能最优化,并通过多个生产基地的综合产能来决定产能在各个生产基地的分摊。

(2) 供应链协同流程优化

供应商管理库存、准时生产制等注重库存管理和减少资源浪费的方法从总体上来讲,对生产制造型企业缩短生产运营总前置时间有很大的影响[174,175](Hall, 1983; Schonberger, 1982)。供应商拉动式管理、库存的最小-最大量库存管理以及电子数据交换等方法可以连接我国 EMS 产业与其供应商之间的价值链活动。数据交换和数据的准确性在价值链活动中对价值链参与者尤为重要。供应链协同流程优化以及相应的评价指标为我国 EMS 企业提高应变能力、满足客户需求提供了保证。

(3) 生产拉动式管理

我国 EMS 企业可运用生产拉动式管理理念,运用先进的生产管理系统,如生产看板系统、An'tong 系统等,并将其作为一个子系统与企业

ERP 系统接口,形成自动化的生产控制协同系统,以帮助我国 EMS 企业运用系统的方法减少生产过程中不必要的浪费。

(4) 质量拉动式管理

选用直接到库管理模式、选用指定的高质量供应商对我国 EMS 企业来说都是减小浪费、缩短原材料检验时间的有效方法。系统设定的最佳供应商,或指定供应商可由系统自动按其累计交货的原材料质量水平设定,通过质量水平的拉动式管理,可待解决的质量问题就变得更为直观,更容易找到问题的解决方案。

(5) 需求协同管理

需求协同管理对价值链上各业务单位采取何种运营策略显得尤为重要。价值链上游企业对市场需求信息把握的准确性往往比价值链下游企业更为重要,也在很大程度上决定了价值链协同水平的绩效[176](Lee,Padmanabhan and Whang,1997)。需求协同模型、客户预测分析工具等都可以分析市场需求。这些系统工具的应用,作为价值链协同模型的重要组成部分,为我国 EMS 产业避免供应链的牛鞭效应,掌握市场真实需求情况提供系统支持。

(6) 人力资源和组织结构优化

我国 EMS 产业可借鉴跨国 EMS 产业常见的具有快速应变能力的组织结构。按不同的客户产品设计灵活的工作组,工作组成员由来自不同职能部门、具有不同专业知识的成员担任,工作组结构是灵活多变的,可随客户产品需求的变化,增加或减少某一职能部门的支持力量,达到人力资源和组织结构按客户需求变化的最优化结构,从而使工作组的组织结构具备自我调节的功能。

价值链协同运作来自不同职能部门的结果可自动转换并输入企业的核心数据系统,系统通过与主 MRP 系统的同步后,将反馈信息传递给 EMS 企业工作组的成员,指导工作组的下一步工作计划。其回馈功能如同生态系统中生物活动对生态系统的作用与反作用[177]（Wenzek，2005）（图7-6），使 EMS 企业在价值链活动中实现双向自我完善、自我调整的循环。

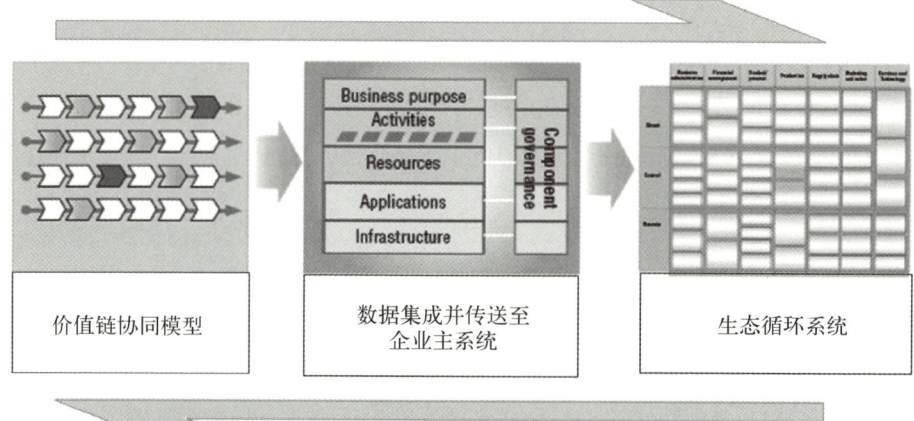

图7-6 我国 EMS 企业价值链协同生态循环示意图
信息来源：根据 IBM Business Consulting Services，2005年修改制作

显然，嵌入全球价值链的产业内价值链协同模型能帮助我国 EMS 产业在快速成长的全球电子市场上克服潜在的风险，掌握客户及市场需求的变化，对产业内及各合作企业的多方面、多职能、复杂的综合目标，制定可达成的发展计划，并实时进行自我调整。价值链协同模型支持动态变化，并提供准确的信息、数据，为我国 EMS 产业掌握全球电子价值链发展方向提供了系统化的解决方案。

7.2 嵌入全球价值链的企业间供需协同模式[82]

我国 EMS 产业发展立足于我国核心 EMS 企业的竞争力水平。本土 EMS 与跨国 EMS 在我国的分支机构相比，在综合竞争力上有相当

第 7 章　我国 EMS 产业发展协同模式构建及标准化运作

大的差距。其中,最为关键的是企业间供需协同管理上的差距。对需求掌握的不准确、对供给控制的不完善,导致我国 EMS 企业在制造计划中过少或过多制造,造成不必要的浪费,也错失了很多市场机会。对嵌入全球价值链体系的我国 EMS 核心企业与其合作伙伴之间的需求协同模式进行研究,通过建立需求协同模型,缩小需求和供给之间的差异,使我国核心 EMS 企业供给能敏捷地贴近市场需求,对我国 EMS 企业获得市场成功、保持可持续发展并树立我国 EMS 企业的大企业品牌形象至关重要。

7.2.1　供需协同模型构建

企业实行协同战略就是要通过母公司与旗下各自主事业单位之间的关系,在企业内及旗下各自主事业单位之间实现最大化的资源共享,使创造出的价值最大化。了解公司战略中关联性的作用,必须要以价值链为切入点才能解析其中的协同效应(Synergy)。企业价值定义出两种有可能创造协同效应的交互关系形态,首先是企业在相似的价值链之间转移技能和专业的能力;其次是共享活动的能力(迈克尔·波特,2005)。

全球最优秀的 EMS 厂商,有着分布全球的据点、雄厚的财力支持、精湛的专业技术、强大的购买力和影响力,其所具备的全球供应链解决方案、丰富的经验以及优良的信誉和服务品质也是非常重要的。通过运用客户需求管理,分析并掌握真实的市场需求,使这些全球优秀 EMS 比其他公司更快、更正确地把握市场动向,并能在短时期内开发和生产出高质量的产品,缩短产品开发周期,促使产品及时上市,同时保证产品在具有市场需求时能源源不断地涌入市场。如图 7-7 所示,EMS 产业中需求协同作用模型的运用使 EMS 产业高效运用了企业内外一切可供利用的资源,运用模块化的设计将不可预测的市场需求转变成了可预测的企业生产计划,使企业得以整合运用最优化资源以满足市场需求。

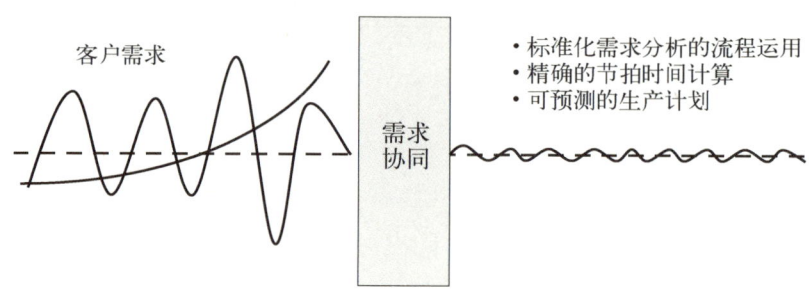

图 7-7 电子制造服务业供需协同机理示意图

根据 EMS 产业客户的需求和相关组合我们可以构建 EMS 产业需求协同模型(图 7-8),该模型的假设条件如下。

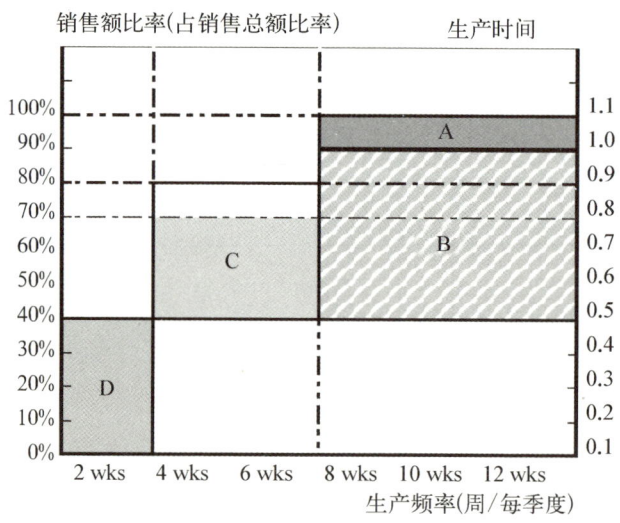

图 7-8 EMS 产业供需协同模型

(1) 生产计划基于市场预测和订单情况制定。

(2) 计划生产的产品包括客户的需求预测和实际订单,包括高混合、低产量以及高产量、低混合的产品。

(3) 生产以达到产品预计的节拍时间(TAKT Time,生产一个产品所需的时间,以日净生产时间除以顾客日需求量)。

(4) 模型用于所有产品生产计划与需求的协同,并适用于零星产品

第7章 我国EMS产业发展协同模式构建及标准化运作

或研发阶段的小批量产品生产。

EMS产业需求管理协同模型的主要指标：

销售额比率＝被评价产品年度销售额/被评价产品系列年度总销售额。

生产频率＝被评价产品的每季度的生产次数。

生产时间＝生产一个批次的被评价产品所需时间。

分析图7-8中各象限：

A区：被评价产品的销售额比率在90%以上，占据被评价产品系列的大部分销售额，生产时间在1周以上，生产频率在8～12周。位于A区的产品市场需求稳定性最高，满足大量及连续生产的基本条件。EMS产业针对这类产品，可以对产品的市场预测需求进行调整，而不仅仅局限于需方订单，使供需双方都有可能有条件做得更好，更快地、更平稳地缓和需求的波动。

B区：被评价产品的销售额比率在40%到90%之间，位于被评价产品系列的中间产品区，生产时间在0.5到1周之间，生产频率在8～12周。相对于位于A区的产品，B区的产品具有更短的生产时间，产品的价值相对低一点。这类产品的市场需求稳定性也比较高，产品结构相对于A区产品较简单，符合批量生产及连续生产的基本条件。EMS产业针对这类产品，可以有针对性地调整产品的生产计划，使企业内外部资源能最大限度被利用，从而缓和需求的波动。

C区：被评价产品的销售额比率在40%到80%之间，位于被评价产品系列的中间产品区，生产时间在0.5到0.9周之间，生产频率在4～6周。C区的产品市场稳定性相对来说较低，产品的种类繁多，价值不高，需求的连续性不稳定。针对这类产品，EMS产业可以在需方订单的基础上，参考其市场预测，适度调整企业内的生产计划，缓和需求剧烈波动对及时供给的影响。

D区：被评价产品的销售额比率在40%以下，位于被评价产品系列的低值区，生产时间在0.5周以下，生产频率在4周以下。D区的产品市场稳定性极低，进入D区的产品通常是需求方处于研发阶段的小批量新产品，或是批量小的配套产品、零部件。由于D区产品需求的连续性极不稳定，EMS产业应主要依据需方订单而不是需求预测，力争快速准确地交付高质量的产品。

运用上述模型进行需求协同步骤如下。

(1) 分析历史数据，利用前二个季度的需求数据，将数据细化到周，对比上季度客户需求、实际生产数量以及客户最终需求量。

(2) 计算前二个季度的客户平均每周需求量。

(3) 确定被评价产品在EMS产业需求管理协同模型中的位置。

(4) 计算生产节拍。

(5) 计算运用EMS产业需求管理协同模型后被均衡化的需求量。

以此构成一个闭环体系，这个闭环体系循环地帮助组织进行适当的调整，从而使需求协同的过程具有可持续发展的特点(图7-9)。

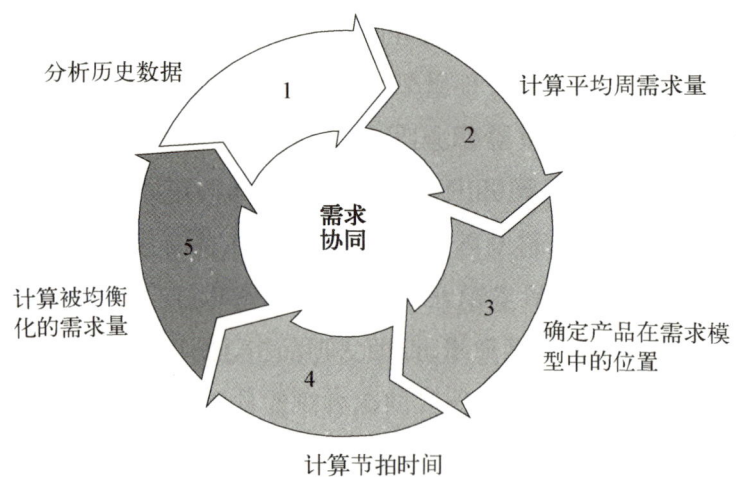

图7-9 需求协同闭环体系

7.2.2 模型应用

应用需求协同模型,可以造就供需双方共赢的局面,可以创建一种与客户紧密联系、与客户同步开发、全球调拨的协同,可使企业在生产方面具有高度灵活性和弹性,从而拥有出色的客户需求回应能力,以满足市场不可预知的需求,这是一种无缝制造服务模式。

选定一 A 区产品,产品的销售额比率在 90% 以上,占据被评价产品系列的大部分销售额。生产时间在 1 周以上,生产频率在 8~12 周左右。该产品各项数据如表 7-2 所示。

表 7-2　某产品的需求预测、生产计划及最终需求表　　　　单位:个

货号/周	需求预测	生产计划	最终市场需求	实际成品	成套原材料	实际成品及成套原材料	累计实际成品	累计实际成品及成套原材料
01-02-06	590	360	339	21	504	525	21	525
01-09-06	430	360	341	40	504	544	40	544
01-16-06	180	360	335	65	504	569	65	569
01-23-06	120	360	394	31	504	535	31	535
01-30-06	170	232	212	51	325	376	51	376
02-06-06	217	232	218	65	325	390	65	390
02-13-06	170	232	219	64	325	389	64	389
02-20-06	310	232	219	78	325	403	78	403
02-27-06	98	200	230	48	280	328	48	328
03-06-06	130	200	212	36	280	316	36	316
03-13-06	160	200	196	40	280	320	40	320
03-20-06	170	200	186	54	280	334	54	334
03-27-06	80	200	193	61	280	341	61	341

根据需求协同的主要步骤,对以上数据进行分析,可以看出以下趋势(图7-10)。需求预测与最终市场需求之间存在的需求差异,正是企业运用需求模型需要减少的需求与供给之间的风险。企业按客户需求预测直接或盲目地安排生产,最终会导致供给过高或过低,使企业的库存成本过高或不能按时交货。

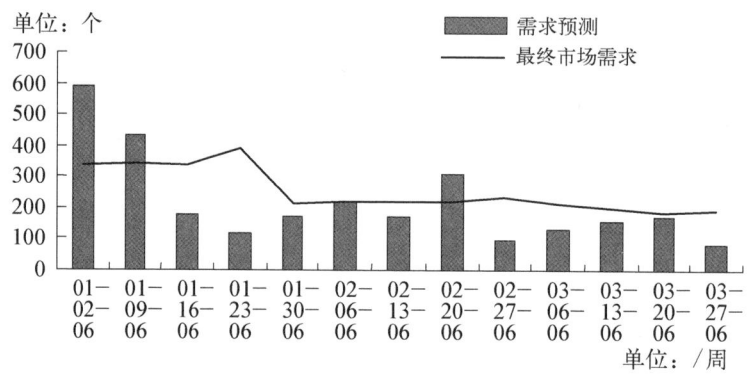

图7-10 需求预测与最终市场需求

按照需求协同模型,该A区产品市场需求稳定性最高,满足大量及连续生产的基本条件。企业针对这类产品,不仅仅局限于需方订单及需求预测,需对产品的市场预测需求进行调整,在安排生产时使企业的生产计划更具有前瞻性。如图7-11所示,经过需求的协同,企业内的生产计划趋于均衡,从而能够迅速平稳地缓和需求的波动,使供需双方达到双赢的局面。

在分析企业生产计划与最终市场需求时(图7-12),企业的生产计划始终满足及时供给和按时交货。企业的生产计划经过需求的协同,改变了被动地跟随市场需求的传统计划模式,使企业具备了掌握市场走向的能力。

需求协同模型的运用,帮助EMS企业掌握市场的真实需求,使企业具有前瞻性的生产调控能力。EMS企业拥有柔性、灵活的生产能力

第7章 我国EMS产业发展协同模式构建及标准化运作

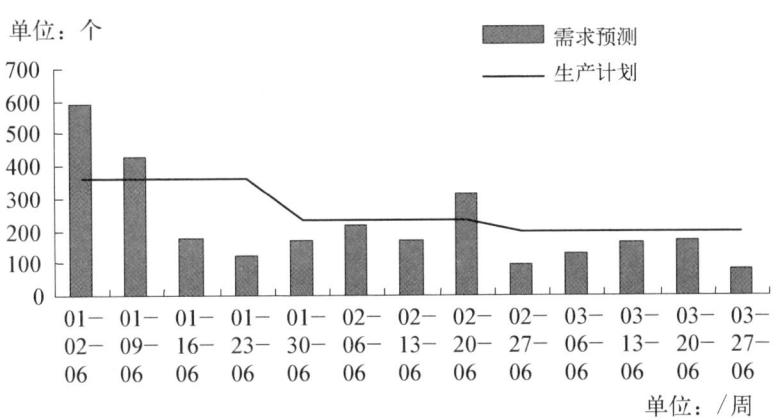

图 7-11 需求预测与企业生产计划

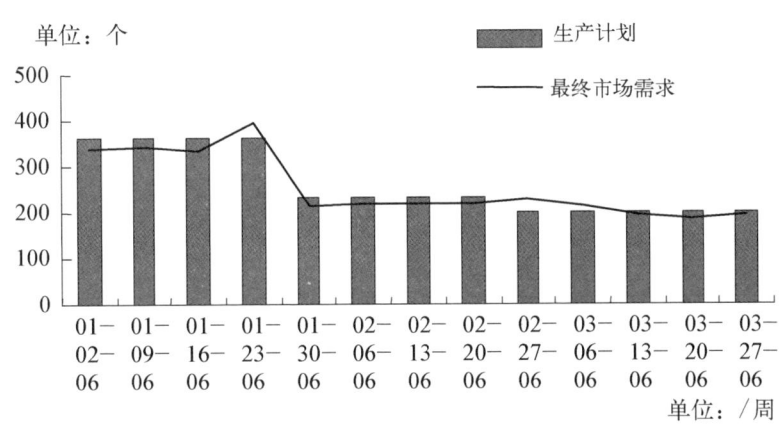

图 7-12 企业生产计划与最终市场需求

后,能快速调整并适应 OEM/ODM 不断变化的要求,随需应变,为客户缩短产品上市时间,使 EMS 企业和 OEM/ODM 在激烈的市场竞争中赢得市场份额的能力增强。

采用嵌入全球价值链的企业间供需协同模型给 EMS 企业带来的商务效益可归纳为五方面。

(1) 产品上市时间加速、提高客户需求响应能力

电子产业每一分钟都有更新的产品推进市场,产品生命周期日益缩

短,电子产品推向市场的速度已经成为市场竞争的关键,产品上市时间(Time to Market)对客户非常重要。企业运用了需求协同模型,为其客户提供了无缝式制造服务,使遍布世界各地的工厂运作与客户需求紧密地连接在一起,市场变动与客户需求的信息能及时、实时地传送到企业,企业内部的生产计划不仅能快速回应客户的需求,而且具有一定的前瞻性。企业运用需求协同模型实现了对客户需求和市场需求的快速回应(Rapid Response)。

(2) 运用 6σ 管理法提供高质量产品与服务

运用 IT 系统方法导入需求协同模型,目标 EMS 企业更重视客户满意的品质衡量。考虑到全球客户质量体系标准的不统一,目标 EMS 企业在项目开始阶段会邀请客户参与制定个性化的客户质量及服务标准,使品质标准能达到客户的期望,兼容相关国际标准和产品销售地的国家标准,运用需求协同的理念,将流程管理、流程改造和流程评估结合起来,建立限时改善品质的方案,提供超出客户期望值的高质量产品。

(3) 实时技术交流与改善,与拥有技术尖端的领导性厂商合作

需求协同的重要功能之一是促使 EMS 企业与其 OEM/ODM 客户进行实时技术交流与改善。EMS 产业与 OEM/ODM 厂商建立起合作伙伴的关系,这种合作关系的建立,使 EMS 产业有别于一般的供应商,它能使 EMS 厂商得以学习 OEM/ODM 先进的专属技术,从而得以为 OEM/ODM 提供个性化的制造服务。EMS 企业吸取了 IBM 如何从遍布全球的分支机构来服务全球客户的经验,实现了双赢。这种无间隙的合作使终端消费者始终享受世界一流的品质和技术。

(4) 协同的、透明化的作业流程,落实到一线工作人员

需求协同模型在 EMS 产业的运用,将作业流程、市场需求的变化都反映到企业 ERP(Enterprise Resource Planning)系统中,将整个业务流程网络化,每一分期的独立作业在系统上整合为一体,不同地区的同

一需求也可以在需求协同模型中得以整合。

(5) 加入世界标准的交易平台,提升全球范围运筹帷幄的能力

目标 EMS 企业已加入世界标准的交易平台 RosettaNet 组织,并充分应用全球电子商务标准化的通用平台,分享产业资源,并透过 RosettaNet 组织找到合适的合作伙伴,扩大企业的产业资源群,使企业在全球电子市场上扩大知名度。与全球知名 OEM/ODM 的合作又为企业构建了可持续发展的平台,使企业融入世界电子市场的大舞台,提高了企业在全球范围运筹帷幄的能力。

EMS 产业已成为当前电子产业中最具潜力的产业之一。EMS 市场从 1999 年的 580 亿美元,增长到 2005 年的 2 030 亿美元,CAGR(复合年增长率)达 28.5%。相比之下,同期电子设备的 CAGR 仅有 9.1%。去年《商业周刊》评比的"全球信息技术百强(IT100)"中,EMS 不仅首次作为独立的产业出现,而且 8 家入选的 EMS 厂商的营业收入总和已经超过了以微软为首的全球 12 家顶级软件公司的总收入,与 25 家全球顶级半导体厂商的总收入相距甚微(IBM 商业价值研究院,2005)。面对巨大的市场需求,中国 EMS 产业能否实现与客户需求的无缝协作已经成为中国 EMS 产业提高市场竞争力的重要手段。中国 EMS 产业应善于学习跨国 EMS 厂商优秀的管理模式,运用协同模型,从战略高度管理市场需求,以循序渐进的方式,向随需应变的方向推进,提高我国 EMS 产业协作水平和市场应变能力,为我国中小型 OEM/ODM 厂商建立连接世界电子市场的平台,以带动中国的电子产业蓬勃发展。

7.3 标准化运作

我国 EMS 企业运营虽已具有初步标准化的特点,但应进一步发展

模块的标准化运作,这对我国 EMS 实施协同模式,实现产业升级至关重要。产业链分工结构演变,从规模经济分工结构,发展到专业化分工结构,最终演变为模块化[140]的标准化分工结构,是 EMS 实现整合价值链上共有资源,整合产业链知识,实现知识创新分工的关键。模块化的标准化运作理念不仅反映在 EMS 产业生产制造、测试等技术工序设计中,还反映在运营管理的各个方面,是以知识创新为核心的经济发展模式。EMS 产业模块的标准化包括技术标准化、组织结构标准化和管理流程标准化等。

7.3.1 产业技术标准化

模块的可分解特性在 EMS 产业发展中表现得尤为突出。随着某一产品的生产、制造及测试过程等活动单元划分边界的扩大,模块分解能够涵盖更多的技术功能,并在更大的边界范围上实现功能上的充分独立,成为典型的模块化生产方式。EMS 产业发展到模块化的阶段,对其生产设备、产品组装制造技术、工艺技术、信息系统支持技术等与制造相关的设施、技术都予以标准化,并推广到全球各地的生产基地,以此达到节约企业整体衔接费用的目的。利用专业设备管理和技术人员为全球各地生产基地提供高水准的信息系统和生产技术支持。以移动通讯的系统技术标准化为例,第一代模拟系统 IG 从 20 世纪 80 年代发展开始,到 90 年代进入第二代数字系统,随着信息化社会和通信设备移动性、个性化的要求,以及互联网络的迅速发展,数字化信息技术进入第三代移动通信阶段,3G(3rd Generation)技术成为无线通信与国际互联网等多媒体通信相结合的新一代移动通信技术,移动通讯的系统技术标准化在知识经济的环境下,进一步发展,悄然着手超越第三代移动通讯(3G and Beyond,B3G)的架构规划与标准制定[7]。信息技术等现代高科技网络平台技术的发展,为 EMS 产业提高各模块内部集成度,扩大模块边界又提供了技术支持。在模块化生产阶段,EMS企业实行设备和管理技术的标准化,也有助于增强EMS产业对其价值链合作伙伴的影响力,通过零部件的标准化和集成化信息系统,运用零库存管理模式管理零部件库存,同时EMS企业可享受大规模全球采购的利益。

此外,我国EMS产业也应注重产业技术标准的建立。产业技术标准是产业存在的技术方案,反映了我国EMS产业的竞争实力,以及对全球市场和EMS产业的技术控制程度。产业技术标准的建立,有助于我国EMS产业提高生产效率、产业技术含量和产业品牌的竞争能力,形成良好的产品质量体系,引导我国EMS产业向全球电子产业价值链的高端发展。同时,我国EMS产业可参考跨国EMS企业的做法,采用全球统一制程,缩短项目转移时间,方便新技术在各不同生产基地间的转移,尽可能承担产品的设计任务,实现零部件的标准化,以减少零部件品种,使企业具有规模采购的优势,并增强抵御需求变动风险的能力[178]。通过政府改善知识产权环境和加强行业标准的制定来推动技术创新,鼓励我国EMS产业的技术创新,引导我国核心EMS企业的形成。

7.3.2　组织结构标准化

EMS企业为OEM/ODM企业提供的服务中,最有价值的是支持全球制造体系的组织结构。EMS产业是典型的全球性产业,将电子产品按客户需求迅速分销到世界主要市场,并确保在全球主要市场的占有率,是所有EMS企业共同面临的课题。跨国EMS企业所构建的全球制造体系组织结构通常由三大部分构成,一是在欧洲、美洲和亚洲全球三大主要市场与其客户OEM/ODM企业配套布局其全球生产基地,保证及时供应和快速响应市场需求;二是在中国、东欧、墨西哥和东南亚等与世界主要市场有一定距离的、拥有丰富而廉价劳动力的低成本地区建立全球生产制造基地,以品种少、规模大的生产方式获取经济效益;三是运用标准化动态项目管理的组织模式,形成以动态项目团队为核心、以客户需求为主导的组织结构,项目团队的成员随时可按项目需要增减各职能团队的专业人员。此外,EMS 企业支持全球制造体系的组织结构必须具有较大的组织柔性。当客户产品、市场需求、技术要求发生变化,EMS 企业能迅速调整生产制造策略,并将产品的生产制造调整至适合的区域。EMS 企业在全球范围内需要实现生产制造基地的标准化组织结构和人员配置结构。标准化的组织结构,为组织增加了管理弹性,也增强了企业的全球生产及技术转移能力。我国 EMS 产业借鉴跨国同行的成功管理方法,运用标准化运作的组织管理模式,有利于我国 EMS 产业走出跨地域、跨地区的局限,形成高弹性、高灵活性和创新性的新型组织结构。

7.3.3 管理流程标准化

EMS 企业持续竞争优势的构建和保持,在很大程度上,取决于 EMS 企业对知识管理流程标准化的能力和对创造、转移、使用和保护知识资产的能力。EMS 企业实现跨区域发展,关键在于它能在不同的国家、区域间形成有效创造、转移知识体系的机制,能有效地将成熟的知识体系从一个制造基地转移至另一个制造基地,从而形成跨国 EMS 的全球制造体系。EMS 企业管理流程标准化,影响着 EMS 企业在不同生产基地间知识转移的速度、质量和能力,包含三个层次的内涵,一是 EMS 企业产品的生产制造过程的标准化流程,使得产品的生产制造对终端市场具有可追溯性;二是 EMS 企业供应链管理的标准化流程,使产品所需的零部件在全球范围内的采购过程具有高度的灵活性;三是 EMS 企业内部组织形式的标准化管理,使 EMS 企业与 OEM/ODM 客户以及下游供应商形成完整的外包价值链,构建虚拟组织等新的组织形式。标准化流程管理,使 EMS 企业在一个国家行之有效的管理流程经过适当的调整之后在其他国家也行之有效;通过集中式供应链管理,在集中交货供应链管理的基础上,利用在成熟的生产制造基地所积累的生产制造等营运方案,促进企业依靠现有资源迅速实现在全球范围内新的扩张;利用虚拟组织的流程化管理方案,与上下游合作伙伴形成无缝化协作关系;运用流程化管理的组织团队,促使企业形成品牌效应,在提高客户满意度的同时,打造 EMS 企业形象。对我国 EMS 产业而言,要提高在全球电子市场上的竞争地位,实现海外扩张是一条必经之路。采用国际化路线,对我国 EMS 产业最重要的不是地点和组织结构,而是要有适合的标准化管理流程,才能将国内核心 EMS 大企业的良好管理体系复制、优化,移植到我国 EMS 企业在国外的生产基地,形成跨国 EMS 产业的集群组织,在知识转移的过程中创建我国 EMS 产业的全球制造体系。

7.3.4 标准化运作效应分析

我国不同地区的 EMS 产业,多因地方政策和产业制度的不同,使产业内各地区的企业间缺乏沟通渠道。虽然我国 EMS 产业在加工、组装等环节的优势非常突出,加工贸易值占我国出口总值的一半以上,但我国 EMS 产业中仍以中小型企业居多,这些中小型 EMS 企业如何重新进行科学合理的价值定位,提高竞争实力,融入全球电子产业链的竞争体系中,并力争在最短时间内从全球电子产业价值链低端走向高附加值的高端,是我国 EMS 产业发挥比较优势、构筑竞争优势的关键环节,也对我国综合国力和微观经济竞争力的提高至关重要。从企业运营的微观层面来看,采用 EMS 企业运营管理的标准化运作管理模式,是我国 EMS 产业实现海外扩张的最佳模式,分析跨国 EMS 产业实行运营管理标准化的经济效应,可以发现,我国 EMS 产业标准化管理模式的经济效应最主要将体现在以下几个方面。

(1) 采购的经济效应

全球采购标准化运作模式可以帮助我国 EMS 产业实现全球集成化采购[①]。在经济全球化的竞争格局下，EMS 产业面临着比其他产业更为艰巨的成本压力。EMS 产业由于其外包服务特点，成本结构中近 85% 以上以原材料为主，使 EMS 产业的成功在很大程度上取决于其最优化获取全球资源的能力。市场竞争越激烈，市场需求变化越快，则要求 EMS 企业具备更强的全球资源整合能力。采购作为 EMS 企业获取全球市场原材料资源最有效的手段，在企业竞争中具有重要的作用。采用集成化采购流程改造，将采购活动进行全球统一管理，在集团内，跨区域组织内实行资源重组，实行集中的标准化采购管理，以获取最优的外部资源，通过统一的采购平台，为企业在全球的生产基地实行统一采购，达到全球资源统一管理、统一配置的目的，从而实现采购资源最大共享，增加 EMS 企业采购的成本优势。同时，由于全球采购的规模经济效应与配套的全球生产基地布局，全球化供应链得以形成。供应商在获取规模供给的经济效应基础上，为保持与 EMS 企业的全球协作关系，根据 EMS 企业产品策略、生产制造基地的布局调整其全球供应策略和供应网络，在提高供应链应对速度的基础上，也使 EMS 企业获得了更优的成本和质量优势，提高了 EMS 企业的全球供应链竞争力。资源在全球范围内的调配，使 EMS 企业发展获取了更多的全球战略合作伙伴；借助合作伙伴的同步协作，又极大地提高了 EMS 企业应对市场动态变化的能力。

(2) 生产的经济效应

EMS 产业生产过程可以抽象为原材料生产与供应、芯片及元器件生产、初级产品及半成品生产和整机生产与组装四个主要环节，其中每

---

① 韩迎春，霍佳震，沈昕，国际代工集成化全球采购模型研究，制造业自动化，2008 年 4 月，同济大学 A 类核心刊物(已录用)。

第7章　我国EMS产业发展协同模式构建及标准化运作

个环节又涉及研发与设计、采购、生产、销售和服务五大价值创造活动，各个环节之间通过信息流、物流和资金流联系在一起。EMS企业的核心部分是为其客户提供电子产品的生产制造服务。采用标准化运作，EMS产业可以整合产业内的生产资源，遵循产业技术标准、在融入全球产业链制造体系的同时，适度进行节点的纵向延伸和横向扩张，通过参与制定生产制造工艺流程和技术方案，达到生产制造的规模效应。生产的规模经济效应主要包含三个方面的含义，一是指生产设备利用率最大化（Equipment Utilization，EU）；二是指生产过程中生产成本的最优化（Cost Reduction，CR）；三是生产过程中技术和质量实现持续改善（Kaizen，Continue Improvement）。

(3) 促进EMS产业集群形成

新的技术标准化、组织结构和管理流程的创新，促使我国EMS产业形成产业集群；集群内各企业通过实施产业技术标准，促进核心EMS企业形成，也有利于中小型企业向着专业化的方向发展，产业内各企业间的协作更加协调，使产业组织进一步集群化、规范化，而标准化体系的实施，将促使产业内形成良好的分工协作体系。产业技术标准、组织结构和管理流程的标准化运作模式，促使EMS产业形成集群化可持续发展的势态。

对比我国与跨国EMS产业的差距，发现我国EMS产业目前仍停留在全球电子价值链低附加值的生产制造部分。在较短的时间内，实现全球电子价值链上重要节点的纵向延伸和横向扩张，通过采用嵌入全球价值链的供需协同、价值链协同模式及标准化运作模式的创新应用，迅速提高我国EMS产业对市场信息和全球价值链发展方向的驾驭能力，以客户需求为决策核心，促进我国EMS产业发展的全球化进程，从全球电子分工体系的第三层次向第一层次攀升是当前我国EMS产业发展的重要部署。

第8章 我国 EMS 产业发展模式创新

与跨国 EMS 产业相比,我国 EMS 产业层次偏低,结构不够合理,以劳动力密集型的组装加工为主,在全球产业链分工中处于产业链低端,表现为利润低、资源消耗大、环境污染严重,为此需迫切改变这种落后状态。本章从经济特征方面讨论跨国 EMS 产业和我国 EMS 产业分布现状的基础上,根据创新理论和论文前面章节的研究成果,提出基于三次创新的发展模式创新选择思路,对选择我国 EMS 产业发展路径起到实践指导作用,也丰富了我国 EMS 产业发展理论体系。

8.1 EMS 产业层次结构及经济特征

8.1.1 全球 EMS 产业体系的三层次结构

2007 年中国 EMS 产业的业务收入将由 2002 年的 179 亿美元增长到 667 亿美元,占全球 EMS 产业主营业务的 44% 左右,占亚太地区 EMS 市场份额的 82%。由于全球 EMS 产能向中国转移的趋势,加上跨国 OEM/ODM 外包生产比例不断加大,中国 EMS 市场未来几年有望保持年均 20% 以上的增速,且将远高于全球 EMS 产业增长平均 10% 的增长率。截至 2005 年底,我国实际利用的外商直接投资(FDI)累计达 6 224 亿美元。我国吸引的外商直接投资持续保持增长势头,从 2001 年的 468.78 亿增加到 2005 年的 603 亿美元,增长 28.6%[179],见表 8-1。

表 8-1 2001~2005 年中国实际利用的外商直接投资额及增长率

年 份	2001	2002	2003	2004	2005
外商直接投资额(亿美元)	468.78	527.43	535.05	606.3	603
比上年增长(%)	15.14	12.51	1.44	13.32	−0.54

资料来源:《中国统计年鉴(2005)》《中华人民共和国 2005 年国民经济和社会发展统计公报》相关数据整理计算

全球化背景下 EMS 产业国际分工日趋明显,产业梯次转移速度加快,EMS 产业水平分工已发展到产品间的分工、零部件的分工、工序和工艺的分工,并进一步向全球性产业分工制造网络发展,从而使每一个生产环节都成为全球生产体系的一部分。目前全球 EMS 产业体系分为三个层次。

(1) 第一层次以掌握 EMS 技术标准和核心技术为标志,主要有美、日、欧等跨国 EMS 产业。

(2) 第二层次以制造和研发为重点,拥有部分关键技术和产品,主要有韩国、我国台湾、香港以及新加坡等国家和地区的 EMS 产业。

(3) 第三层次以加工、组装为主,缺乏核心技术和标准,主要是我国和印度以及东南亚部分国家等发展中国家的 EMS 产业。

在前两个层次的跨国 EMS 产业将技术含量较低的产品生产及部分产品的研发大量向中国转移的过程中,我国 EMS 产业正在经历根本性的转变。从 EMS 产业形成全球化制造基地的各种表现来看,跨国 EMS 产业的核心仍集中在发达国家,转移至我国的 EMS 生产制造部分大多基于低成本目标驱动,以获取我国的低成本和资源优势为目的。面对产业水平化、技术革新加快、产品生命周期缩短、市场需求的动态变化、价值链分工细化和全球化的挑战,中国 EMS 产业主要担任制造职能,而产品设计、技术研发和市场开发仍需依赖国外合作产业的核心力量。

8.1.2 跨国 EMS 产业的分布和经济特征

在全球电子产业不景气的大环境下,EMS 产业发展速度仍保持在年增长率 18% 以上。从 2006 年排名全球首位的跨国 EMS 企业的排名情况(表 8-2)看,排名前十位的跨国 EMS 企业控制了全球 1 570 亿美元 EMS 市场的销售额,比例高达 70.4%,总收益达到 1 110 亿美元。

表 8-2 2006 年排名前十位的全球 EMS 销售收入集中度分布

单位:百万美元

类 型	排名前十位的收益	总市场收益	排名前十位的市场份额
EMS	$110 591.50	$157 006.00	70.40%
ODM	$72 819.30	$99 959.60	72.80%

资料来源:根据 iSuppli 调查资源整理制作

到 2010 年,全球 EMS 销售额将占全球电子产业总销售额的 70% 以上(图 8-1)。

2005 年全球 EMS 企业销售收入前 50 名排名中,以硅谷模式和台湾新竹模式发展起来的跨国 EMS 企业在全球 EMS 企业销售收入排名中跃居首位。在这全球前 50 位排名中,美国 EMS 企业占了近 48%,中国台湾企业占了近 23%,后起之秀的新加坡企业也占了近 18%,但唯独没有一家是中国内地的 EMS 企业(表 8-3 和图 8-2)。

第8章 我国EMS产业发展模式创新

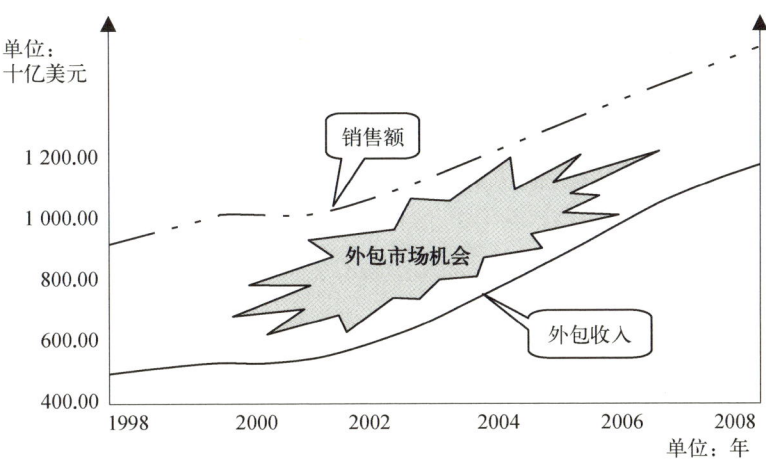

图 8-1 EMS 产业的机会

资料来源：根据高盛公司统计资源整理

表 8-3 2005 年全球前 50 位 EMS 企业销售收入排名

2005年排名	公司名称	总部所在地	2005年销售收入（亿美元）	增长率%
1	鸿海/富士康	中国台湾	169.36	28.4
2	伟创力	新加坡	159.08	9.5
3	四海	美国	117.35	−3.9
4	旭电	美国	104.41	−10.3
5	天泓	美国	84.71	−4.2
6	捷普	美国	75.24	20.3
7	艾科泰	芬兰	50.99	26.6
8	纬创	中国台湾	47.95	31.5
9	佰电科技	美国	22.57	12.8
10	Venture	新加坡	19.35	−0.5
11	环隆电气	中国台湾	16.17	−4.4
12	Plexus	美国	12.29	18.1
13	Siix	日本	10.17	4.3

续 表

2005年排名	公司名称	总部所在地	2005年销售收入(亿美元)	增长率%
14	Viasystems	美国	9.75	7.6
15	APW	美国	8.54	26.4
16	南太	中国香港	7.97	49.3
17	Aloo	中国香港	6.02	41.6
18	TT electronics	英国	6.91	−1.4
19	Pemstar	美国	6.9	3.1
20	Synnex	美国	6.2	7.5
21	CTS	美国	6.18	16.2
22	WKK Technology	中国香港	6.15	11.4
23	Beyonics	新加坡	6.15	10.9
24	亿利达	中国香港	5.5	10
25	华泰电子	中国台湾	4.42	5.6
26	Kimball	美国	4.38	−0.2
27	Scanfil	芬兰	3.94	−7.9
28	GES	新加坡	3.7	17.4
29	Vogt	德国	3.6	−4.6
30	M-FLEX	美国	3.57	41
31	Videoton	匈牙利	3.44	5.9
32	Suntron	美国	3.29	−30.9
33	Surface Mount	中国香港	3.16	20.4
34	Hana	泰国	3.03	5.5
35	Flash Electronics	美国	2.6	7
36	ParternerTech	瑞典	2.64	0.2
37	Neways Elec.	荷兰	2.55	−1.6
38	Mid-South	美国	2.42	5.2

第8章 我国EMS产业发展模式创新

续　表

2005年排名	公　司　名　称	总部所在地	2005年销售收入（亿美元）	增长率%
39	SMTC	加拿大	2.29	−6.5
40	Fabrinet	泰　国	2.1	1.9
41	MC Assembly	美　国	2.04	5.2
42	Key Tronic	美　国	2.03	36.3
43	LaBarge	美　国	1.82	38.6
44	BreconRidge	加拿大	1.75	16.7
45	Creation Technologies	加拿大	1.74	34.9
46	Sypris Electronics	美　国	1.7	3
47	Sparton	美　国	1.67	3.9
48	Epic	美　国	1.64	6.5
49	Three-Fiv Systems	美　国	1.63	2.6
50	Epig	比利时	1.49	−7.8

资料来源：根据国际电子商情统计资料，2005年全球EMS排名整理制作

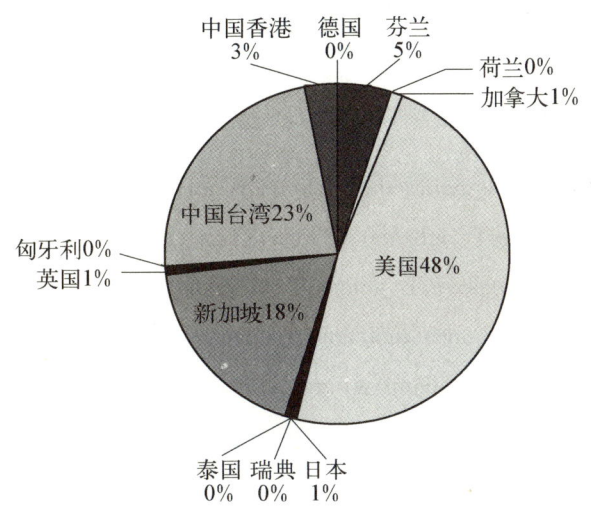

图8-2　2005年全球前50位EMS企业销售收入各国分布

以美国硅谷模式发展起来的欧美 EMS 产业是由市场引导、自发形成的高技术企业集群。从早先的晶体管、半导体制造业,到 70 年代后发展为以电子信息、计算机、网络技术等创新技术为经济主导体的企业集群。由于硅谷独特的创新技术、创新土壤,这些欧美 EMS 企业在全球 EMS 产业体系中具有与其他 EMS 企业所无法比拟的竞争优势。在很大程度上,它们是全球 EMS 产业体系的创新技术先行者,其销售收入也以高附加值的产品研发、EMS 生产加工创新技术为核心,至今仍占据着全球 EMS 产业体系的主导地位。

新加坡 EMS 企业的经济格局以嵌入全球价值链的方法,培养本地化价值链合作伙伴,吸引跨国 OEM/ODM 企业加深投资,打造独具特色的供应物流园,摆脱了纯粹劳动力密集型的低级加工组装生产制造,向着产品概念设计、核心零部件设计、产品供应链模块化设计的方向发展,使产品的 EMS 制造具备品牌效应,在实现企业全球化发展的同时,完成企业内部价值链的蜕变,使企业实力增强后,开始涉足 EMS 全球价值链的高附加值部分。

在全球 EMS 产业的发展进程中,跨国 EMS 企业完成了不同程度的并购与合并,通过跨国研发基地、跨国集成化采购基地等方面的全球规模经济运营模式为终端客户提供更多的高价值创新服务,实现 EMS 功能升级和可持续发展。

8.1.3　我国 EMS 产业的分布和经济特征

我国目前 EMS 产业的发展速度是惊人的,每年都以 20% 以上的速度发展,整体规模已连续三年跃居全球第二位。然而,从我国 EMS 产业的销售收入规模来看,3/4 以上的销售收入增长均来自在我国投资的欧美、港台等跨国 EMS 产业,我国本土的 EMS 产业与在中国的跨国 EMS 产业相比,仍存在着以下明显的差距:① 企业规模悬殊;② 价值链管理观念落后;③ 产品的附加值低;④ 增值服务意识薄弱;⑤ 品牌价值低;⑥ 战略管理落后;⑦ 国际营销网络不健全;⑧ 原材料采购成本无明显优势;⑨ 生产运作管理落后;⑩ 成本管理不完善。

至 2011 年,亚洲 EMS 市场将从 2006 年的 1 215 亿美元增长到 2 818 亿美元,占全球 EMS 市场的份额将从 2006 年的 45% 上升至 55.1%。其中消费电子增长速度最快,其次是通讯产业。我国由于丰富的劳动力低成本优势,中国的 EMS 市场占有率到 2011 年将占据近 76% 的亚洲 EMS 市场份额。然而,在 EMS 产业高速发展过程中,我国本土 EMS 产业却仍处于国际 EMS 分工体系中的第三层次。中国占主导地位的 EMS 企业仍是跨国 EMS 企业在中国的分支机构,我国本土 EMS 企业规模都非常小,绝大多数属中小型企业。构建适合我国 EMS 产业的发展模式,产业合理部署,在组装技术、工艺控制、研发能力、物流方案、全球化布局等方面形成创新理念,选择合适的发展路径,我国本土 EMS 产业才能以最快的速度从当前普通的电子制造外包服务上升为成熟的 EMS 模式,从国际 EMS 产业分工体系的第三层次跃居第一层次,实现产业升级。

从地域分布来看,我国 EMS 产业主要分布于东部沿海地区,以珠三角、长三角和环渤海地区为主。珠三角 EMS 企业数量稳中有升;长三角 EMS 企业依然保持发展迅速、规模较大、向中高端攀升的态势;环渤海地区最为活跃,市场环境变换迅速,大型 EMS 制造基地与中小型制造企业成长并举,广阔的市场空间吸引了不少南方的企业北上建厂,初步形成了 EMS 市场北移、环渤海地区持续增长、外资 EMS 企业快速膨胀的格局,其主要分布和经济特征归纳如下。

(1) 低端集成线路板组装占据主流——单一的 EMS 模式

我国本土 EMS 产业业务范围目前占较大比重的仍是集成电子线路板的组装业务(Printed Circuit Board Assembly,PCBA)。大多本土

EMS企业停留在为大型OEM/ODM企业提供SMT(Surface Mount Test)或PTH(Pin Through Hole)的组装生产,产品前端的研发和后端的测试、包装和分销仍由OEM/ODM企业完成。在原材料采购过程中,本土的EMS企业通常只采购非核心的元器件,关键IC等零部件则仍由OEM/ODM企业自行采购或向其指定供应商采购。

典型企业实益达,自1998年6月成立至今一直做用于DVD、家庭影院、液晶电视等消费电子产品的各种经贴装后集成电子线路板(即PCBA控制板)。实益达是飞利浦的配套协作企业[180],根据公开的财务数据,2005年实益达客户虽有5家分公司,但其总销售额仅飞利浦一家就高达99.10%;2006年公司客户扩大到16家,飞利浦所占比例仍高达83.13%,基本可视为飞利浦的配套合作EMS企业。发展到2007年,实益达虽已发展成相当规模,但其经营模式仍显得非常单调,仍是以PCBA组装业务为核心。

与实益达的发展历程颇为相似,在以PCBA组装为核心,配合部分整机组装的EMS领域,我国总体EMS企业服务水平也显得参差不齐。部分企业只是纯粹的提供来料加工、生产组装服务,并以附加值相对较低的家电产品为其服务市场;有些企业也能够提供初级的多元化服务,介入客户端的核心元器件采购、仓储、物流及售后的产品维护等。总体来说,我国大部分本土EMS企业虽然已经注意到单纯依靠成本运作、劳动密集型产业发展策略的弊端,但在如何实现企业做大、做强,形成强有力的市场应对能力的问题上仍缺乏整体的、长远的发展规划,多数本土EMS企业呈现零散、小规模、利润薄弱和低水平重复的现象。

(2) 自有品牌生产与外包服务并存——OEM+EMS模式

纯粹的EMS模式在我国发展仍处于初级阶段。但现阶段的电子产业里,却有许多大中型OEM企业在保留企业产品研发、制造和分销的基础上,将企业内过剩产能和资源外包给其他跨国OEM企业,以达到最优化产能和增加企业利润的双重目的。从我国本土 EMS 企业的成长过程及现状来看,这种 OEM＋EMS 的模式有利于资源的合理配置;合理地选择跨国 OEM 合作企业,能在提高资源合理配置的基础上,使我国本土 EMS 企业在获取订单的同时,获得介入跨国电子产业分工体系的学习机会。

海尔集团是这类企业的典型例子。海尔在生产自有品牌产品的基础上,与跨国 OEM 企业合作,为国际知名品牌提供 EMS 服务。同时,采用开拓型思维方式,选择有能力的国内合作企业,将企业价值链上部分低附加值部分外包给国内合作企业,达到优化利用资源、提高价值链增值效应的作用。通过为跨国 OEM 企业提供 EMS 服务,海尔取得了介入全球电子产业体系价值链的机会,形成国际化发展策略[181-183]。通过提供 EMS 服务,海尔将企业纳入全球 EMS 产业分工体系,吸取了跨国 EMS 企业的管理理念、方法和一些优秀的运营模式,培养了一批高素质的具有创新精神的管理人员,并将创新理念贯穿到组织运营中,实现了产学研一体,达到企业可持续发展的目的。我国家电品牌企业小天鹅的情况与海尔类似,既生产自有品牌产品,又为国际知名品牌进行定牌生产,同时还将部分产品外包给国内其他企业生产。由此可见,这类企业提供 EMS 服务的对象多为跨国 OEM、ODM 知名企业。当跨国 OEM/ODM 电子企业进入中国市场或建立生产制造基地时,往往也会寻求中国电子产品品牌企业为其进行定牌生产或提供定向 EMS 服务,同时自己进行设计和工艺控制,由中国 EMS 合作企业负责日常生产、采购及运营。

针对我国大部分中小型 EMS 企业的现状,海尔、小天鹅模式在提升企业 EMS 竞争力的初期具有很大的参考价值。从竞争力薄弱发展到具有较强市场竞争力,我国 EMS 本土企业可以运用这种 OEM＋EMS 的模式,通过为跨国 EMS 企业提供 EMS 服务,引进国外先进的管理方法、技术、标准及优秀的跨国管理人才,通过外部引进,内部培养并行的方式在短时间内达到优化企业剩余产能,提升企业技术、综合实力的目的。

(3) 研发服务成为我国 EMS 亮点——OEM+ODM 模式

除有中国特色的 OEM+EMS 模式外,我国 EMS 企业也有部分为本地或跨国企业提供研发服务,通常以整机成品出口的形式实现。这种注重研发服务的特色 EMS 模式与传统 ODM 模式不同,可能并不具备较强的技术实力,所投入的研发费用占其企业总运营费用比例也不大,主要基于企业已有的成熟产品,研发费用也多数投入自有品牌或是 EMS 服务指定产品的开发。相对于以上 OEM+EMS 模式的企业来说,这种类型的企业尚未形成规模,企业在产业内的分布也相对零散。

我国家电企业,创维集团是这类 EMS 企业的典型。创维在生产自有品牌产品的同时,也为三洋、三菱、汤姆逊、RCA 等跨国 OEM 企业提供产品研发、整机设计的 ODM 服务。在创维的出口外销比例中,有近 80% 以上是其 EMS 销售额,创维同时有 200 多个自主研发的设计 IP 可供其客户参考。成立于 1986 年广东江门的江裕集团,也是这类注重研发服务的 EMS 企业。江裕的业务范围从最早期的 PCB 制造,发展到装配和测试、系统装配、产品设计等包含多元化生产制造服务的综合制造,转变为一家具有研发能力的 EMS 企业,采取了类似 OEM 企业的垂直结构,以成为端到端的 EMS 服务提供商。在电子制造产业链分工越来越细的今天,这种垂直结构的运作,在仍有市场利润的前提下,企业参与客户产品端对端的设计、元器件本地化采购、库存管理和高品质制造服务对企业研发能力、综合生产制造能力的提高还是具有相当作用的。

当技术发展更为成熟,产品生产具有了标准模块化的特点,在标准化的产品领域,研发更容易拓展。我国目前纯粹的 ODM 模式尚未形成,注重研发服务的 EMS 企业也多以提升自有产品的市场占有率为目的,在优化企业产能利用率的基础上提供与自有品牌产品相似的产品研发服务。企业在获取 EMS 市场份额后,致力于提高企业的产品研发、技术研发能力,这无疑将有利于我国本土 EMS 企业技术标准、质量体系的形成,提高与客户前向、后向整合的综合实力,也有利于形成我国 EMS 产业集群效应,打造我国 EMS 企业品牌效应,培养我国核心 EMS 大企业,从而提高我国 EMS 产业的全球市场竞争力。

(4) 手机业混合性 EMS 服务模式——混合交叉 EMS 模式

我国特殊的电子产业环境造就了混合交叉的 EMS 手机业服务模式。我国本土的 EMS 企业通过与跨国 OEM/ODM 企业合作,获取产品设计、技术支持和管理支持,而跨国 OEM/ODM 企业通过此合作方式获得在中国市场上的专有生产制造支持。

熊猫与麦克赛尔的合作遵循了这种 EMS 服务模式。通过与熊猫建立合资企业,麦克赛尔在市场前景广阔的中国拥有了专有的 EMS 生产制造基地,使产品生产制造获取了低成本优势;熊猫则从麦克赛尔引进了先进的技术工艺方法、制造流程、管理方法和支持,为熊猫企业培养了大量优秀的技术、管理人才,也实现了企业快速切入全球市场、获取全球市场份额的目的。宁波的波导手机也采用了这种混合性的 EMS 服务模式。波导 1999 年初进入手机领域的时候,手机完全是由法国萨基姆股份有限公司生产设计的,波导负责产品在中国市场的销售。但自 2002 年 4 月份开始,波导就反过来为萨基姆提供产品研发设计服务,除了手机基础模块仍沿用萨基姆的原有设计,手机其余部分的电路设计、外观设计都由波导的产品研发部完成。

我国 EMS 产业运作模式种类繁多,业务发展水平参差不齐。当前我国大部分 EMS 企业将仍以 OEM+EMS 或 ODM+EMS 的形式存在,以自有产品品牌的销售为主,同时为海外企业提供 EMS 的服务,以提高企业的生产制造专业化水平、增加企业销售收入、消耗剩余产能。

以产品自有品牌为主的中国 OEM/ODM 企业，多数也有很强的市场敏锐度，能借助本土强大电子元器件配套能力，推出成功的产品，或为跨国 OEM/ODM 企业提供电子制造服务，并在市场上获得成功。但产品的成功并不等于企业成功，能提供电子制造服务也不能够代表中国 EMS 产业的成功。中国企业为跨国 OEM/ODM 提供电子制造服务，只有打造核心 EMS 大企业的专业品牌，企业的成功才能转化为中国 EMS 产业持续的竞争力，并使中国 EMS 产业在与跨国 OEM/ODM 产业合作的过程中也能将我国 EMS 产业的核心产品性能、产品质量体系、核心企业形象和企业内部管理水平提升一个台阶。

8.2　我国 EMS 产业发展模式创新思路

按台湾 Acer 公司施振荣先生提出的"微笑曲线"概念（图 8-3），用一个开口向上的抛物线来描述当前全球电子市场的各个流通环节的附加价值，抛物线左侧是价值链上游环节，包括关键零部件制造、设计和研发过程，其抛物线是逐渐升高的，表明价值链上游企业所获取的产品附加值也呈逐渐上升趋势；抛物线右侧表示价值链下游环节，包括品牌的生产运作、销售渠道的运营等，抛物线呈下降趋势，表明价值链下游供应商所获取的产品附加值也呈逐渐下降趋势；位于抛物线最低端的则是劳动密集型的中间生产、制造及组装等环节，这些环节不仅技术含量低、利润空间小，而且因量大而易产生规模经济导致市场竞争激烈，成为整个价值链中最不赚钱的部分。运用微笑曲线的概念审视中国 EMS 产业的现状，可以发现我国 EMS 产业目前正处于微笑曲线的最低端。如何运用创新思路来选择我国 EMS 产业发展模式，成为我国 EMS 产业能否从微笑曲线的最低端向抛物线两端发展的关键。

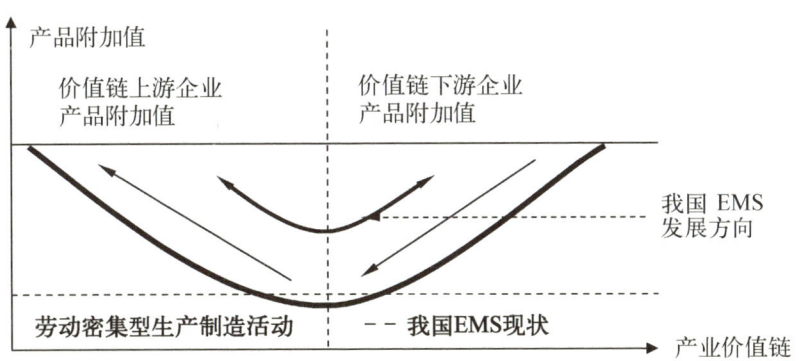

图 8-3 施振荣"微笑曲线"示意图——全球电子市场各流通环节的附加值研究

我国台湾地区 EMS 产业的创新演进过程曾被分为五大阶段：NBM、OEM、ODM、OPM 及 OBM。OBM 是 EMS 产业发展的目标，企业在 OBM 阶段具备自主研发能力，产品在市场上具有很强的竞争力，产生品牌效应，拥有自主知识产权[184, 185]。结合我国 EMS 产业发展的分布和经济特征，我国 EMS 产业发展要达到最终 OBM 阶段，最重要的是在产业发展进程中实现三次创新的过程。用图 8-4 来表述我国 EMS 核心企业基于三次创新的发展模式选择过程。企业随着时间范围

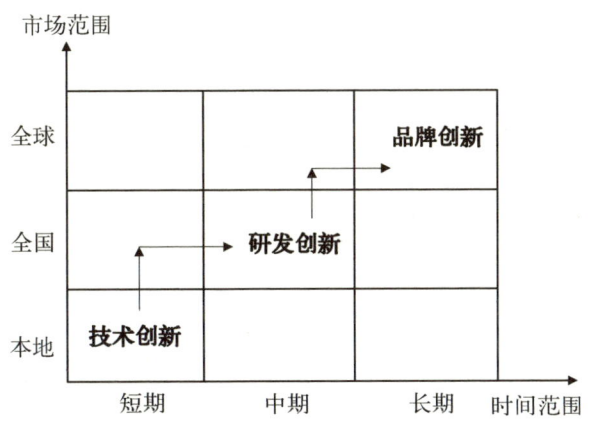

图 8-4 EMS 核心企业基于三次创新的发展模式选择过程

和市场范围的扩大,其市场占有率从本地区,发展到全国,然后到全球范围。企业发展模式基于三次创新:技术创新、研发创新和品牌创新。品牌创新目的最终实现企业的品牌效应,获取全球市场的占有率,这是企业发展的终极目标。

  对于我国 EMS 产业来说,培养核心大企业是关键。企业靠什么成为核心企业,起到产业组织内领袖的作用,如何使创新转变为产业发展竞争力。研究全世界产业发展历史,本书认为主要通过核心技术、规模经济、研发能力和品牌效应等途径。我国 EMS 产业发展,应根据企业自身发展条件,通过三次创新过程(图 8-5),从创新模式的技术升级出发,加强与跨国 EMS 产业、跨国 OEM/ODM 产业合作,探索我国 EMS 产业通过发展模式创新选择从模仿走向创新,循序渐进,最终实现我国 EMS 产业国际化、品牌化的目标。加强与跨国 EMS 产业、跨国 OEM/ODM 产业合作,可以在三个方面获益:一是获得更快的上市时间。由于我国 EMS 企业只是跨国 OEM/ODM 企业的二、三线客户,获得的元器件和技术支持常常会滞后,注定会充当追随者,但如果和跨国 OEM/ODM 企业在早期就开始合作,无疑会缩短上市时间,增强技术能力,增加企业的竞争优势;二是利用成本优势。我国本土 EMS 企业的成本与跨国 OEM/ODM 相比更低,取得 OEM/ODM 定单为其提供生产制造,能为企业带来显著的成本优势并与跨国 OEM/ODM 企业一起取得双赢,从而赢得更大的市场份额;三是我国本土丰富的可替代资源,使我国 EMS 企业增加了供应与服务的灵活性,特别是本地化采购的盛行,使我国 EMS 产业发展具有了独特的地利优势。我国 EMS 产业吸取跨国企业的先进管理经验、引进先进技术、流程及质量管理方法、建立适合我国 EMS 核心企业及产业的创新发展模式,培养专业品牌企业,这是我国 EMS 产业拓展全球市场的关键。

第 8 章 我国 EMS 产业发展模式创新

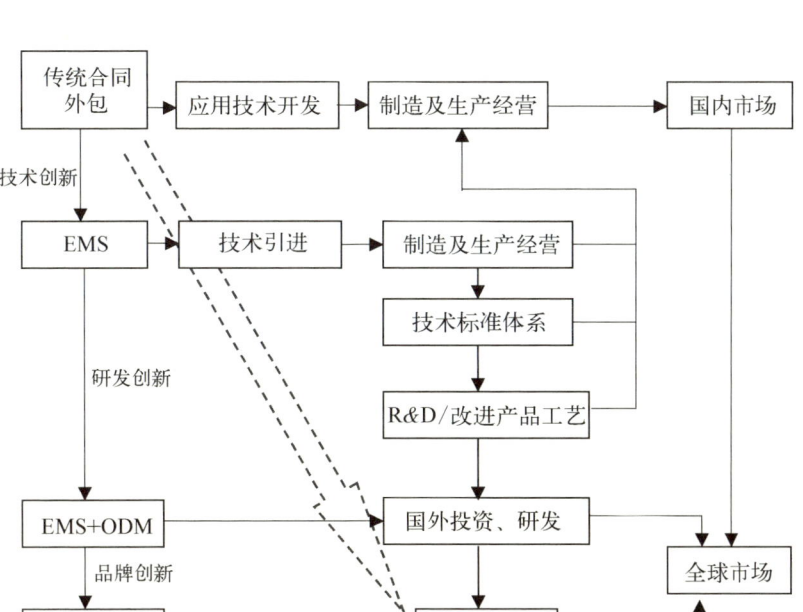

图 8-5 我国 EMS 产业三次创新模式

8.3 一次创新：技术创新

自熊比特提出创新理论以来，西方发达国家（技术领先国家）的创新过程一般是以研究与发展为基础的技术创新模式，该模式具有典型的一次创新特征（图 8-6）[186]。单纯的技术创新以应用技术开发为核心，新技术投入生产制造后由企业销售网络将产品销往国内外市场。技术创新促使产品的更新换代，企业通过一次创新实现技术升级和产品的市场化。

我国位于第三层次的 EMS 产业要实现产业发展，从劳动密集型向技术密集型转变，必须依靠技术创新。技术创新强调基于要素组合的市场化行为；强调技术与市场的整合。技术创新不能只考虑技术因素，必

图 8-6 一次创新：技术创新

资料来源：参考熊比特的创新理论整理制作

须将技术创新知识和市场需要结合起来。技术创新的过程实质上是通过知识的获取、消化、进一步创造等一系列企业活动来拓展企业原有的知识体系，将获取的跨国 EMS 企业的创新技术、企业外部知识资源作为我国 EMS 企业学习过程的起点，积极有效地提高企业知识结构基础，应对瞬息万变的市场需求变化和技术环境更新。传统的依靠企业自有知识来实现知识内生增长，和这种以技术创新模式来实现新的知识增量来比，后者更符合我国 EMS 企业在全球市场上竞争的需要。

生物学家艾化·威尔森在研究鸟类学习创新技能时的不同时曾指出：任何一个物种要具备三种条件，才可能发展出适应环境变迁的新技能。① 物种必须常常集体迁移，而不是单独行动；② 物种中的个体要有创新或发展新技能的能力；③ 物种要有一套彼此直接沟通、相互学习的机制[7]。从知识资源的密度来看，产业集群是一个纵横交错、庞大的企业群，在产业组织内的每一企业都接触到大量的知识源，企业的技术创新过程意味着企业要具备快速吸收外部知识源的能力，将这些知识吸收、利用，并依托产业组织环境，利用各种正式、非正式机制，扩充自身技术能力基础，实现技术创新。我国 EMS 产业目前正处于发展的初级阶段，大部分本土 EMS 企业只是为跨国 OEM/ODM 企业提供传统的外包服务，提供电子产品单纯的生产、组装及制造服务。通过技术创新，从传统外包模式发展到 EMS 模式，介入客户端的需求管理、供应链管理、售后服务等 EMS 功能，需要我国 EMS 企业积极学习跨国 EMS 企业成熟的知识资源，形成与跨国企业价值链之间稳定的外包、合作关系，创造集群内的模仿与学习机会,提高企业的吸收消化能力,提高进一步创新的能力,同时建立我国 EMS 产业集群内生的创新能力系统,使技术创新转化为市场占有率和产业竞争力。

8.4 二次创新:研发创新

从 EMS 阶段发展到 EMS+ODM 阶段,进入了全球价值链的整合阶段,使 EMS 服务涉足客户产品的研发设计、供应的价值链设计。研发创新引发了电子产业的模块化整合。我国位于第二层次的 EMS 产业从技术密集型向具有研发核心竞争力转变。在实现技术引进、技术学习和消化后,结合外部知识资源的技术创新转化为改良产品投放生产制造经营过程,建立与国际同步的产业标准体系,加强研发力量,参与客户产品的研发、设计,并将改良产品投放国际市场(图 8-7)。在与跨国 OEM/ODM 企业合作的过程中,注重产品及生产工艺的研发、价值链的重新整合,使产业实现迅速增长,走向国际化市场。

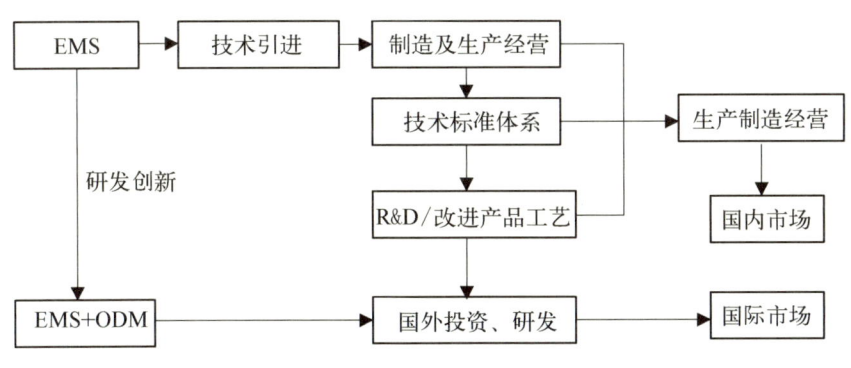

图 8-7 二次创新:研发创新

EMS 产业在硅谷的研发创新过程中,斯坦福大学等研究型大学,为硅谷不断地吸引和培养的大量专业技术人才和各类创业人才对研发创新的形成起到了决定性的作用。这些研究型大学提供了研发创新的酵素和动力,并通过产学研互动机制在硅谷掀起阵阵研发创新浪潮,为硅谷创造出整个产学创新集群的竞争优势,也促使硅谷形成了新产品、新技术的创新环境。产学研互动合作的体制为研究型大学和高技术创业型公司也提供了学习和合作交流的机会,这些学习和合作交流向硅谷产学创新集群中创新主体的其他部门拓展,并允许它们在某种程度上共享和促进这些集体学习和横向合作,最终使研发创新具有市场价值[127]。

回顾以往历次世界制造中心来看,国家和地区经济的发展对产业的研发创新能力都有着很高的要求。世界制造中心通常都是科研发达的中心。19世纪中期,英国成为世界第一个制造中心,这是跟随着1830年的技术革命而产生的。以蒸汽机的发明和广泛应用为标志,带来的纺织、机械制造、煤炭等新技术的研发创新,使英国成为世界上第一个实现工业化的国家、第一个经济强国和第一个世界制造中心。从1851年到1900年,德国在煤炭和化学上取得的研发成果,开创并发展了合成化学技术和工业,带动了合成纤维、造纸等工业的迅速发展,使德国取代英国的地位成为世界制造中心。1879年到1930年,美国发生了第二次技术革命,研发创新使美国率先在世界实现了大规模的工业化,进入了经济快速发展的阶段,美国一跃成为世界科技中心。日本在第二次世界大战后发展起来,从最初引进、改善和创新的基础上,利用各国先进技术,走出了一条不断创新、不断发展的持续改善之路,使日本成为掌握大量先进精益生产技术,具有优秀产业创新能力的新一代世界制造中心。

进入20世纪80年代后,国际电子产业转移转向投资主导型。我国成为新一轮世界制造中心的格局基本形成。从国际电子产业转移的分布来看,生产型制造业的转移,由于相对的成本优势,使我国EMS产业的发展面临着巨大的市场契机。采用研发创新模式,成为我国EMS产业提高产业发展自主创新能力的关键手段。此外,我国EMS产业采用

第8章 我国 EMS 产业发展模式创新

从 EMS 到注入研发的 EMS+ODM 模式,有助于我国 EMS 产业摆脱单纯的技术引进所带来的短暂繁荣,改善我国对技术引进的依存度。研发创新模式的形成,也有助于改善我国 EMS 产业因产业自主创新能力的低水平而造成的产业附加值偏低的问题。单纯的技术引进所带来的产业结构升级只能是填补空白式的过程,依赖于外部技术引进提升产业结构的空间也会越来越小。研发创新在我国 EMS 产业的可持续发展和产业竞争力提升方面肩负着重要的责任,通过研发创新实现内生的技术进步不仅是实现我国 EMS 产业结构优化升级的创新模式,也是在新的开放格局下应对国际电子产业竞争的突破口。

8.5 三次创新:品牌创新

品牌创新要解决核心产品国际竞争力的问题。EMS 产业随着国际电子制造业外包模式的兴起将电子产品的全球产业链延伸到发展中国家。区位优势的充分发挥和合理的国际分工使电子产品更新换代越来越快,产品的生命周期越来越短。从电子产品的生命周期来看,每一项新产品、新技术的突破以及产业化之后的初期,这些新产品、新技术的生产成本都是相对很高的。随着产品市场的不断扩大,企业前期的研发成本逐渐收回,生产工艺也渐趋成熟;新一代的产品、技术呼之欲出。对于依赖于技术引进和产品引进的低端制造业来说,缺乏突破性的创新产品或技术,与其它相同低端制造业在同质化阴影下的价格战是不可避免的。我国 EMS 产业因大多仍依赖于产品、技术引进,也有相同的问题。当跨国电子企业的核心技术升级时,这些核心技术掌握在少数跨国巨头手中,对于主要以提供电子产品生产制造服务为主的我国本土 EMS 企业来说,只能进行一些非核心的边缘技术升级,由于技术含量不高,往往在很短的时间被同行模仿、甚至超越,同质化竞争最终导致企业的利润接近盈亏平衡点。作为我国EMS产业综合实力和核心竞争力的体现,品牌创新能力越来越成为影响我国EMS产业发展的重要因素。

跨国EMS企业控制着全球市场的分工格局,决定着技术、人才、资本等资源在全球市场的配置,也决定着全球EMS产业的市场竞争规则。我国EMS产业在产业发展的国际化进程中与跨国EMS产业之间存在着较大的差距。品牌创新的思路引导我国核心EMS大企业形成,最终提高与跨国品牌的抗衡能力(图8-8)。品牌创新是产业发展的目标。这一阶段产业内形成具有国际竞争力的核心EMS大企业,核心大企业具备自主研发能力,通过开发国外销售渠道,建立自有品牌,并拥有自主知识产权,形成产业内梯级发展的格局。这是我国EMS产业创新体系最为关键的阶段。

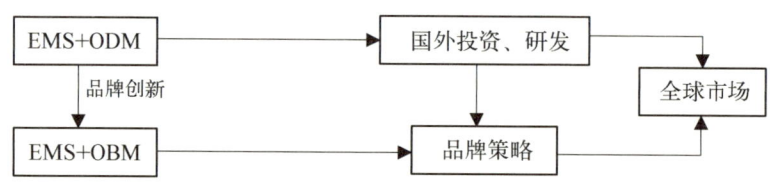

图8-8 三次创新:品牌创新

实施品牌创新策略,企业建立完善符合国际规范的管理机制,将比较优势转向技术密集型开发优势,培养我国EMS企业自有的具有自主知识产权核心产品研发团队,建立自己的全球营销网络,在形成我国本土核心EMS企业的同时,提升产业层次,形成梯次的EMS产业格局。借鉴Intel模式,Intel芯片是跨国品牌,具有很强的市场竞争力。产品装在个人计算机里面,英特尔要求其客户必须贴英特尔商标(Intel Inside)。我国EMS核心企业进行品牌创新,也可以考虑这样做。EMS企业是生产制造服务型企业。以海尔为例,当海尔实现品牌效应,为其他OEM企业提供EMS服务时,就可贴上"海尔制造"的品牌标签,使

EMS 真正实现品牌化。这是我国 EMS 企业实现进一步发展,拥有自主知识产权,形成全球品牌的创新发展模式。

  出色的生产制造能力、规模经济化的制造能力和成本效应是 EMS 产业成功的关键因素。随着外资对中国市场的青睐,EMS 产业在我国的本地化进程和全球化布局也呈现出迅速发展的势态。我国吸引外资按投资额比例,已从 2001 年的第 6 位,上升至 2004 的第 3 位。中国 FDI 投资额也从 2001 的 469 亿美元上升至 2004 年的 606 亿美元[179]。至 2006 年,我国电子元器件和集成电子线路板销售额增长近 28%,远高于世界平均水平,跨国 EMS 产业在中国的投资成为经济增长、出口创汇的主力军。这些变化带动了我国 EMS 产业生产制造水平和投资规模的提高,形成我国 EMS 产业与跨国 OEM/ODM 产业、跨国 EMS 产业间新的互动合作、利益和竞争关系,也为我国 EMS 产业发展提供了大好的市场契机。我国 EMS 产业应融入全球经济格局,有针对性地按产业目前的经济特征,合理定位在全球价值链体系上的位置,采用三次创新模式,使位于不同层次的 EMS 产业和谐发展,培养我国本土专业化 EMS 企业,积极促进本地模块化 OEM 企业的形成,形成 EMS 品牌化核心企业,形成梯次发展的格局。

第9章
跨国 EMS 企业——旭电实证研究

理论研究的意义在于实践应用。我国目前正处在经济体制和产业结构双重转变阶段,经济全球化和科技迅速发展给我国 EMS 产业的发展带来了前所未有的机遇和挑战。借鉴跨国 EMS 企业经验,推进我国 EMS 产业结构调整和优化升级,带动整个电子产业发展,增强我国电子产业的国际竞争力,是目前迫切需要思考的课题。本章运用上述发展模式对跨国 EMS 企业——旭电进行实证研究。阐释旭电发展的历史、发展模式及其优化作用。在此基础上,探讨我国 EMS 产业发展的国际化策略和政策建议。通过实证研究,在理论和实践层面丰富我国 EMS 产业发展的系统研究。

9.1 旭电发展历程

旭电(Solectron)1977 年由 Roy Kusumoto 在美国 California Sunnyvale 成立,当时只有将近 100 名员工,公司的主营业务是生产太阳能电子产品。1978 年,Winston Chen 被任命为公司总裁,他引进 IBM 管理模式,建立独特的客户专属团队(Customer Focus Team,CFT)的组织结构运营模式,发展集成电子线路板的生产制造服务业务,形成与客户紧密结合的专业电子生产制造服务企业。1987年,旭电仅用10年从硅谷最初一家100人的小公司成长为年销售额600万美元的大企业。1989年,旭电正式成为美国上市公司,在美国California州设立公司总部Milpitas,将旭电从一家地域性的电子产品生产企业正式转型为注重系统整合的专业EMS企业。1991年、1997年,由于公司出众的制造和服务质量,旭电成为美国唯一一家两次获美国质量体系协会Malcolm Baldrige Nation Quality Award的生产制造型服务企业,销售额突破15亿美元。1991年来,旭电在欧洲、亚洲设立了生产制造基地、研发基地和全球供应链管理体系,正式转变为一个跨国EMS企业。1996年,旭电收购美国Fine Pitch科技公司,1999年,建立了全球售后服务组织,销售额达到141亿美元,2001年创下187亿美元销售额的纪录。旭电(Solectron)是当前跨国EMS产业中的典型企业,诞生于硅谷的创新技术发展,迎合全球电子产业价值链分工体系的需要,在1999年全球高科技EMS公司中排名首位,目前在跨国EMS企业全球排名中列第四位。

旭电自成立以来,以高新技术装配、测试及系统集成各类高质量和高价值的电子设备服务于跨国OEM/ODM企业,发展速度惊人。其主要客户包括IBM、Motorola、HP、Cisco、Lucent、Ericsson等跨国企业。经过近三十年的努力,旭电从一个组装制造厂跃升为世界性的电子生产制造服务企业。目前,旭电产品包括电脑、资讯、网络、仪器、无线和有线通讯、半导体工艺、测试及系统集成等高质量、高科技电子设备和产品。旭电营业范围涵盖四大洲70多家公司,遍及中国、美国、苏格兰、法国、德国、马来西亚、日本、墨西哥和巴西等20多个国家和地区。在全球各大运营中心,旭电设立服务运筹中心,技术人员经过跨地区、国家的培训,可以掌握全球各类高科技电子产品的维修服务,并将服务的理念延伸至产品生产制造的每一个环节,为其客户提供全方位的、从产品设计到产品退出市场的一整套服务。旭电以稳定的质量、快捷的需求反应和客户至上的信念,成就了国际化的快速发展进程。

9.2 旭电发展模式

EMS 的迅速发展基于其独特的发展模式。

9.2.1 硅谷产学研一体化发展环境

旭电 1977 年由 Roy Kusumoto 在美国 California Sunnyvale 成立时,旭电的快速发展离不开美国硅谷的创新环境。研究产业集群的权威机构美国 Milken Institute 曾指出:研究中心、高等教育学府和研发机构,是培育高科技产业集群的唯一最重要的原因[187]。旭电在创立初期,依托了来自 IBM 的研究力量及硅谷的创新技术力量。在旭电国际化进程中,旭电沿用硅谷产学研一体化的发展理念。来自发达国家的技术移民是旭电实现国际化扩张的人才储备,这些来自全球的优秀人才的注入,使旭电国际化扩张保持了经济发展的领先地位。旭电在我国的投资扩张中,与国内诸多研究型大学、高等院校建立合作关系。为实现新建生产制造基地的快速成长,旭电从这些研究型大学选取了大量的优秀人才,通过在国外成熟生产制造基地的集中培训,促使本地化人才掌握创新技术,确保这些本地化人才具备创新思想,促使本地化产学研一体化的形成。这种特殊的学习型氛围以及这种学习型文化所具有的强烈融入性使旭电成为 EMS 产业界公认的"旭电大学(Solectron University)",确保知识和信息在旭电各个分支机构间、各个组织结构层面的自由流动。信息和知识的自由流动,使旭电吸纳外部创新知识的能力增强,员工的学习能力提高,推动着旭电不断快速地向国际化发展。

9.2.2 多层次创新驱动的动力系统

从旭电发展的动力系统看,旭电兴起和发展的驱动力是由全球电子产业体系分工格局向水平化发展延伸时呈现的巨大商机所引发的。旭电从一个美国本地化小企业发展成为跨国 EMS 大企业,离不开企业组织内的创新动力和对外部动力的驾驭能力。

旭电为迎合跨国 OEM/ODM 企业对终端市场快速响应(Rapid Response)的需求,设计了符合创新理念的弹性组织结构,以旭电每一个客户为核心,建立动态的客户专属团队(Customer Focus Team)。这个客户专属团队的组成成员随客户项目的运营情况而变化和调整,以应对不同发展阶段对人员配置的要求。CFT 采用车轮式的以客户为中心的弹性项目组结构(图 9-1)[21]①。整个 CFT 成员来自企业不同的职能部门:生产、工程、质量、测试、生产计划、物料、销售及项目管理,组成车轮的内胎,而企业的连续性生产运作则组成车轮的外胎,从而确保 CFT

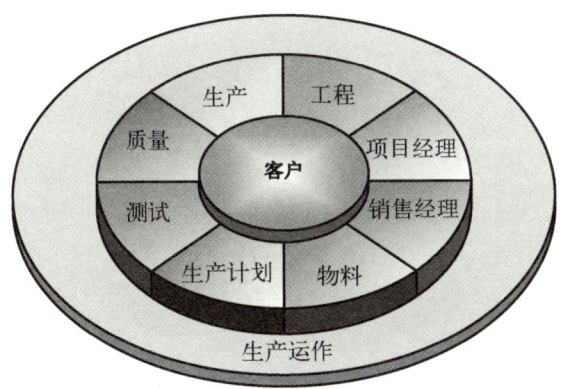

图 9-1 旭电 CFT 结构示意图

---

① 沈昕,以客户为中心的管理创新——新兴电子制造服务行业中的客户服务项目组,现代管理科学,2006 年第 2 期,第 45~47 页。

高效运作。这种动态的客户专属团队结构与传统的矩阵式组织结构不同,团队内的资源配置随企业项目的不同发展阶段而变化,达到企业内部资源的优化运作,使知识信息在不同的客户专属团队间无缝化传递,有利于团队成员增强学习能力,形成学习型组织结构。这种弹性客户专属团队结构使旭电适应激烈的市场竞争,及时调整客户专属团队所配备的人员,应对市场不同时期变化,使企业达到快速应对市场需求的目的,提高企业的弹性运营能力,在人力资源、技术资源和信息资源等方面都具备了参与客户产品研发的能力,形成多层次创新驱动系统。

9.2.3 增强竞争力的评价指标体系

旭电在国际化扩张进程中,为帮助新的生产制造基地快速成长,达到与成熟生产制造基地同样的制造、技术和质量水平,制定了严格的评价体系。评价体系辐射至企业运营的每一个职能部门:生产、外部物流、内部物流、项目管理、生产计划、供应链管理和财务管理等,使新的生产制造基地依据评价指标体系,发现企业新的分支机构在运营过程的弱项指标,通过全球标准化制程、标准化质量体系,使技术人员通过全球标准化的评价指标体系,指导并改善企业新的分支机构运营弱项指标。旭电的指标评价体系不仅涵盖企业内部生产运营业绩表现,还辐射至旭电的客户端和供应链管理。采用直观的指标评价、蛛网分析法、标准化方法等统计工具,旭电可以在极短的时间内,将某些产品、核心技术传递至新的生产制造基地,并确保产品的质量和技术能力达到同样标准。严密的指标评价体系是旭电国际化扩张道路上最为实用的一个系统分析工具,也是旭电保持核心竞争力的重要手段。

企业的核心竞争力是一个具有内在结构的有机整体和复杂系统,是由许多不同因素的相互作用而产生的。和一般竞争能力从量到质的过程不同,核心竞争力的质变具有整合性、延展性、难以替代性、核心性和持续性等特征,能使企业在较长的时期内领先竞争对手。旭电的评价体系是基于实用性与理论性的结合,将核心竞争力的分解度量与整体把握有机结合起来的完整体系。建立完善的、适合企业发展的指标评价体系指导企业向正确的方向发展,对企业保持核心竞争力尤为重要。

9.2.4 嵌入价值链的协同运作模式

旭电致力于客户至上的服务理念,选择正确的客户、与客户形成更为紧密的协同商务模式,选择适合客户需求、产品需求的价值链配置,形成旭电与价值链上所有合作伙伴的协同运作,有针对性地与其供应商、客户间形成供需协同运作的管理结构,这是旭电发展过程中所运用的重要的协同理念。旭电所选用的协同运作系统可按图9-2表述。在旭电的协同运作系统中,Collaborative Design(协同设计)、Lean Manufacturing(精益制造)、Global Services(全球服务)是旭电协同运作系统的三大重要因素。

图9-2 旭电的协同运作系统

旭电注重协同设计,运用标准化的理念将产品上市时间、质量和生产作业流程标准化,在技术开发设计的过程中结合实际生产制造的可操作性,使企业保持全球生产制造的整合服务能力。在选择价值链合作伙伴时,注重协同能力,采用全球的实时物流及信息系统平台,与价值链上下游合作伙伴间保持信息同步。运用客户需求管理协同运作系统(图9-3)优化供需协同管理。该协同运作系统在各合作方:旭电、跨国OEM/ODM企业及其供应商之间,在技术信任和信息畅通的前提下,运用协同计划、均衡管理的模式,采用精益生产系统的管理方法、供应链拉动管理模式,通过共享系统间的可视化管理,实现缩短供应时间和快速应对客户需求的目的。客户需求管理协同运作系统指导企业快速应对客户需求,使旭电与其价值链上下游合作伙伴的合作达到无缝化协作,通过这种客户需求管理协同运作系统,企业与价值链上合作伙伴,以及企业内各职能部门间都能通过实时的可视化系统,掌握最新的市场动向,使企业最大限度地实现资源优化、协同运作。

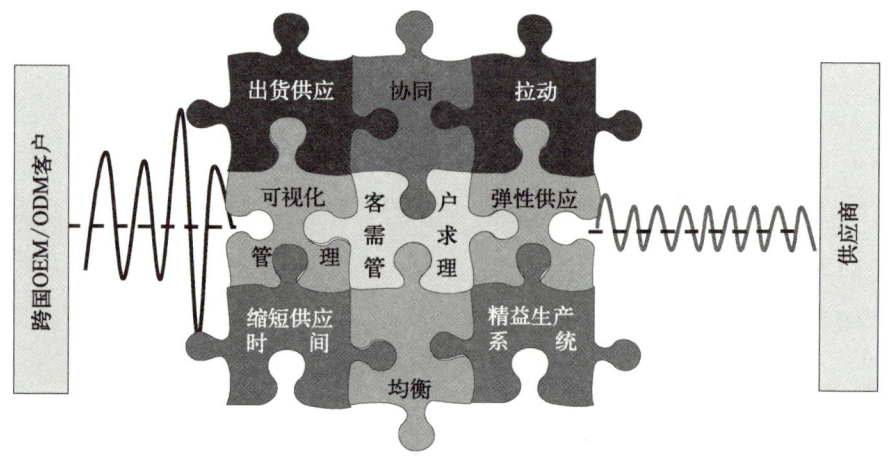

图 9-3 旭电的客户需求管理协同运作系统
资料来源:www.solectron.com 整理制作

9.2.5 梯次创新体系实现跨国扩张

旭电所拥有的全球先进技术人才,使旭电具有完善的产学研一体化发展体系,并在企业内部形成了梯次创新价系,从技术创新、研发创新发展到品牌创新,快速实现了国际化发展的目的。以技术创新为主导的生产制造技术创新、关键零部件的研发创新、品牌创新使旭电在业界具有良好口碑,形成良好的管理体系。旭电作为创新网络中的创新主体,通过与外界多元主体,政府、产业组织、中介机构和研究机构等组织间形成多种创新资源的自由流动,形成开放型的创新网络系统。这些创新主体相互分工与协作,与企业所拥有的创新资源发生组合与新的合理配置,推进创新活动的开展。

旭电在生产制造技术上的技术研发创新能力使旭电在全球 EMS 产业内具有极强的竞争力。EMS 产业的特点决定了具有创新理念才能在企业重点项目上实现突破,保持相对的技术独立与技术领先。旭电通过建立创新制度,形成鼓励创新的环境,以持续改善引导企业内部的技术力量与外部科研院所、高等院校协同合作,共同改善企业现有的生产制造技术工艺、管理信息技术等,促进企业技术水平赶超其它跨国 EMS 企业。创新模式是旭电获得市场成功的重要保证。创新环境的形成,有利于旭电在企业内部形成学习型组织,使企业内部不同职能部门之间、跨国组织各分支机构之间形成相互学习的氛围,促使知识转移在企业内部及其所在价值链上传递,并与价值链上其它组织的知识外溢共同作用,增强企业的研发创新、技术开发能力。

旭电成功的发展模式,优化了旭电对全球资源的整合、配置能力。随着全球竞争的加剧,如何保持持续的竞争力成为旭电有待进一步解决的问题。在 EMS 产业中,由于大规模的电子产品组装生产,产品更新换代加快,创新技术和研发成果很容易被竞争对手在极短的时间内模仿和复制,使拥有创新技术和研发成果的企业的市场竞争力削弱。面对 Flextronics 自创的垂直整合商业模式和水平化分工模式相结合,以及拥有自主知识产权的供应链管理系统,旭电依赖于外部全球供应链管理的品牌效应显得极为薄弱,使旭电维持原有成本优势变得愈加困难。2007 年 6 月,Flextronics 以 36 亿美元,收购旭电,意图实现全球 EMS 市场扩展,与排名全球 EMS 首位的 Foxconn 抗衡。两强合并后,旭电在高阶运算和电信领域的优点、生产制造技术的创新优势及 Flextronics 具有品牌效应的自有供应链管理体系完美结合,使合并后的公司提升了各方面能力,并通过改善其产品开发过程和供应链管理的创新方式为客户创造更多的价值,进一步提高了新合并企业的竞争力,成为新的 EMS

跨国巨头实现国际化扩张的重要里程碑。

9.3 实证研究对我国 EMS 产业发展的启示

在经济全球化的背景下,全球价值链可以利用任何国家的生产要素禀赋优势,各国的要素禀赋优势也不再局限于只被本国所利用。旭电等跨国 EMS 企业在我国所获得的市场成功无一不说明了这一点。我国是人口众多、国土面积大的发展中大国和制造大国,我国 EMS 产业所拥有的只是比较优势,我国的要素禀赋优势也多为跨国 EMS 产业所用。相对于跨国 EMS 产业,我国 EMS 产业仍位于全球价值链分工体系的最低端,生产制造的规模经济来自价值链低端的电子产品组装生产。如何改变我国 EMS 产业的现状,以扬弃的方法学习跨国 EMS 产业先进的发展模式,实现系统化的、可持续的国际化发展,成为我国 EMS 产业发展当前亟待解决的问题。

9.3.1 我国 EMS 产业发展趋势

目前我国 EMS 产业具有四大发展趋势。

(1) 兼并趋势

大、中、小型 EMS 企业的增长速度表明,企业规模越大,其增长速度越快。大型 EMS 在发展过程中,由于企业扩张的需要,大量收购和兼并中小型 EMS 企业。另外,从 OEM/ODM 企业角度讲,这些企业也希望通过水平分工,重新整合供应链合作伙伴的数量,EMS 企业的并购直接减小其供应链管理成本。

(2) 资金紧张

随着 EMS SMT 技术的发展和元器件研发技术的发展,EMS 企业中 SMT 设备和检测设备不断推陈出新。无铅工艺和免清洗技术的应用都给 SMT 设备提出了新的要求,SMT 设备的更新需要大量的资金,使得 EMS 产业在发展过程中寻求外援资金的意图增强。

(3) 扩张需要

OEM/ODM 在重新配置其价值链分工体系的同时,加强产品研发力度,使电子产品的生命周期日渐缩短,为进一步减少运营成本、缩短交货周期时间,对 EMS 合作伙伴全球运营、配套合作能力的要求也提高了。这就要求 EMS 企业具备全球扩张的能力,随时满足其客户的需求,并形成与其客户同步发展的格局。

(4) 专业细分

大型 EMS 企业取得产业内的统治地位,这并不影响一些面向服务的中小型企业,它们同样具备相对固定的客户群。EMS 企业的全球化规模至关紧要,但客户更为重视企业的能力、地理位置以及 EMS 企业与品牌产品制造商之间的关系[6]。中小型 EMS 企业可通过专业细分策略,构建企业与品牌产品制造商之间的良好合作关系,使企业在其价值链分工体系中取得稳固的合作地位。

产业融合和产业创新使 EMS 产业在未来我国电子产业发展中的地位正日益增强,EMS 产业越来越成为我国生产制造型服务业新的经济增长点。在这新一轮的增长周期中,我国 EMS 产业能否形成系统化的发展格局,形成具有创新能力的产业集群组织,形成适合我国 EMS 产业发展的国际化策略,获得长足的、可持续的发展,将直接关系到我国整个电子产业发展的前途,也将决定我国能否成为具有自有知识产权的"世界制造强国"。

9.3.2 我国 EMS 产业梯次发展国际化策略

我国 EMS 产业结构调整虽取得了重大进展,但总体上仍不尽合理,这是导致经济增长方式难以转变的重要原因。其不合理性主要表现在两方面。

(1) 制造业大而不强。从生产制造规模看,我国已是制造大国,但因技术含量和附加值不高,缺乏世界品牌和核心技术,自主创新能力弱,核心技术仍受制于人,使我国离制造强国距离较远。

(2) 服务业发展滞后,特别是先进生产制造型服务业发展缓慢[188]。

促进电子生产制造业从简单加工装配向技术创新、研发创新及品牌创新的方向发展,提高我国 EMS 产业发展的自主知识产权和高端产品的比重,在信息技术和计算机技术等重要领域实现突破,成为我国 EMS 产业结构调整的重中之重。目前我国本土 EMS 产业与跨国 EMS 产业的实力差距主要体现在以下方面:① 在研发方面,我国在产品技术创新、核心创新技术和知识产权上的创新能力要远远落后于跨国 EMS 企业;② 在制造方面,我国的优势只集中在低成本生产能力,而跨国 EMS 企业在产品开发和技术集成、增值服务和供应链全球管理等各项能力上都具备很强的实力;③ 在销售方面,虽然我国本土 EMS 企业国内营销网络和国内客户服务网络建设完善,但在国际市场的产品核心竞争力、品牌价值上同跨国 EMS 企业相比仍有较大差距。

我国 EMS 产业要实现可持续发展,必须具备国际市场的竞争力,必须找到适合我国的发展之路。从目前的产业分布情况看,我国 EMS 产业面对跨国电子产业体系的大调整,可采用三次创新模式,在多个层面与国内、国际电子产业展开竞争,达到梯次的国际化发展目的。主要有以下三种策略:专业化 EMS、模块化 OEM 及品牌化 OBM(Original Brand Manufacturing)(图 9-4)。企业应根据自身的发展状况,定位于价值链上最适合企业发展的节点,选用适合的国际化策略,达到企业持续发展的目的。

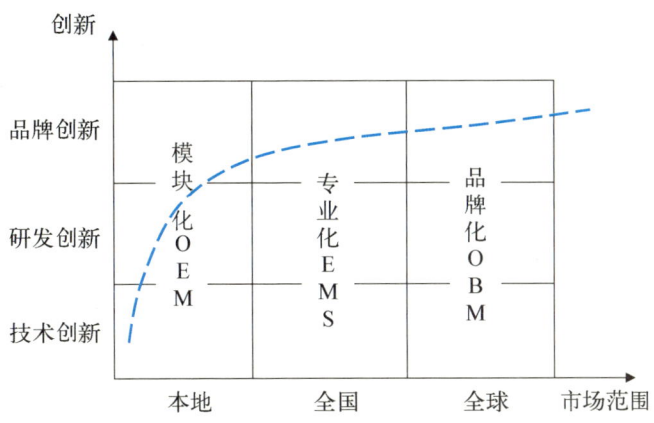

图 9-4 我国 EMS 产业国际化策略示意图

(1) 专业化 EMS

与模块化 OEM 和品牌化 OBM 相比,专业化 EMS 优势在于:专注 EMS 生产制造能力、全球价值链管理能力的提高,规避自我研发、专利等市场回报低的风险,培养企业全球化运营能力和多元化制造能力,使企业可集中优势,以优秀的全球生产制造及管理能力为突破口,获取稳定的业务收入。

目前我国本土 EMS 企业研发优势不明显、品牌影响力不强,但生产规模大并具有一定生产制造技术优势的企业,可以为国内外 OEM 企业提供专业化的电子生产制造服务,致力于提高 EMS 的核心竞争力,定位于全球跨国电子产品制造商的 EMS 合作伙伴,将企业发展方向定为专业化的 EMS 企业,打造 EMS 企业的品牌效应。这些具有相当竞争实力的 EMS 企业,可以通过跨国并购的方法实现规模性的国际化扩张。通过收购国外具有知名度但生产规模不大、经营不善的品牌,利用国内相对廉价的劳动力成本在我国国内组织生产、组装及制造,获取全球资源支持,构建全球价值链供应网络和营销网络,从而为我国 EMS 企业开拓国际化运营渠道。此外,通过收购和兼并国外企业,达到收购国外品牌的目的,也可以在收购后使用国外 EMS 企业品牌开拓国外市场。在目前国际市场上,兼并和收购已成为跨国资本流动的最主要方式。Cisco 兼并 Scientific-Atlanta、Sun Microsystems 收购 Storage Technology、Ericsson 收购 Marconi、联想兼并 IBM PC 制造部、Avnet 并购 Memec,这些跨国并购成为企业国际化进程的里程碑。兼并和收购也将是我国 EMS 企业打通国际市场、实现国际化扩张的主要手段。目前跨国 EMS 企业还未形成品牌效应,走专业化 EMS 的发展方向,构建我国 EMS 的品牌效应将为我国 EMS 产业带来新的发展思路。

我国有相当规模的 EMS 中小型企业,这些企业大多数技术创新能力差,劳动密集性强,对国际先进技术的依赖性强,总体上处于小规模生产制造阶段,重心仍集中在电子产品全球价值链的低端和低附加值产品的生产。这类企业可以在良好的招商引资政策环境下,充分利用我国原材料和劳动力的低成本优势,吸引跨国公司落户我国本土的 EMS 产业集群组织中,使本土 EMS 企业得以嵌入全球价值链。学习国外先进技术和管理经验,为我国本土 EMS 产业带来更多的国际产品生产制造机会;在学习过程中,提高本土 EMS 产业人力资源的技术和管理创新能力;在引进部分外来人才的基础上,实现人才、信息、技术和管理的共享;使本土 EMS 产业提高生产制造的技术支持能力,向专业化核心 EMS 大企业的方向发展,或成为我国核心 EMS 企业价值链上的重要节点,以增强我国本土 EMS 产业价值链的综合竞争力。

专业化 EMS 核心企业品牌策略,有利于优化我国过度集中的劳动力密集问题,使经济发展相对缓慢地区解决劳动力就业问题;促进我国 EMS 产业的生产制造总体水平的提高;使产业重心由全球价值链的最低端向中高端发展、具备参与全球制造体系的能力;跨越区域性、地区间的政策局限;凭借核心 EMS 企业的专业网络,促进 EMS 产业集群和 EMS 产业分工价值链的形成,使 EMS 产业实现梯次发展。我国大中型 EMS 企业发展成为核心的专业 EMS 企业,既可利用 EMS 产业实现企业的稳步成长,在为跨国电子企业提供 EMS 服务的同时,获得跨国合作和学习机会,形成后发优势;也可在最短的时间内,以最低成本获取国际电子产业核心技术和全球化价值链管理能力;同时,成为专业化 EMS 企业,规避新产品研发和专利方面的风险。

(2) 模块化 OEM

我国 EMS 产业的部分企业在品牌、产品开发和设计、营销等方面优势不明显,但在特定部件的设计和生产上有优势。这些企业可以向水平化分工的方向发展,发展成为模块化 OEM 企业。采用模块化 OEM 的国际化策略,企业关键要认清自身优势,集中资源,构建企业的核心竞争力;同时,优化外部资源利用,融入我国电子产业的全球价值链体系;坚持协同、信息化经营、信息共享和利润共享等原则,与 EMS 产业价值链上其它企业共同成长,实现规模化经济增长。

EMS 产业涉及的产品已远远超出其发展初期的产品范围,除消费电子产品以外,汽车及零部件、数控机床、电机、电器、无线通信基站等高精密度的产品成为 EMS 新的业务亮点。这些产品为我国本地的零部件生产制造企业带来市场机会的同时,也对这些企业提出新的要求。采用模块化 OEM 的国际化策略,要求我国 EMS 企业正视企业的优势,形成模块化生产制造、研发及销售网络;提高企业配套零部件的研发能力,形成特有的品牌效应,实现规模经营;通过与国内核心 EMS 企业分工协作,优化 EMS 产业价值链上各节点间的互动合作;企业专注于具有优势的核心零部件,也有利于研发能力的提高,使企业专业化程度提高,国际竞争力增强,促使我国本土的核心零部件大企业形成。此外,模块化 OEM 策略,有助于形成我国国内零部件产业集群,通过技术创新和研发创新在产业组织内的传递,使零部件产业集群内形成梯次发展的战略合作联盟,实现有利于专业化 EMS 产业及 OBM 产业发展的势态。

模块化 OEM 的发展方向,使企业位于价值链的下游环节,与价值链中间环节的 EMS 企业、上游的品牌化 OBM 企业之间的无缝化协作变得尤为重要。许多跨国 EMS 企业已意识到下游零部件制造商对于 EMS 产业的重要性。至今排名全球 EMS 首位的 Foxconn 之所以在很短的时间内蜕变为全球 EMS 产业的龙头,得益于其自创的垂直化商业模式:电子化、零部件、模具、组装、整机、光电垂直整合服务,其重心在于 Foxconn 自有的零部件生产制造模式。作为 Foxconn 的一个内部协作单位,完善的模块化零部件配套部门,形成外部零部件供应链所不能达到的协同运作,使 Foxconn 在应对全球市场变化、竞争对手策略变化时,避免了供需间的不匹配和反应滞后,打造了全球最短的 3C (Computer, Communication, Consumer Electronics)供应链[103]。我国致力于模块化 OEM 策略的企业,应积极缩短与跨国 EMS 企业的距离,加大企业研发创新和技术创新的力度,与国内大中型 EMS 企业形成战略联盟,选对市场切入点,形成具有整体竞争力的电子产业价值链,与价值链上的合作伙伴形成共同发展的格局。

(3) 品牌化 OBM

我国本土的 EMS 企业,目前部分企业已在扩大企业规模、实施技术创新、研发创新和品牌创新等方面取得了实质性的进展,形成海尔、联想、华为、TCL、长虹、格兰仕等一批专业化程度高,具有一定国际市场竞争力的 EMS+OEM 企业。然而,与跨国 EMS 企业相比,很多企业仍停留在小而不大、大而不强、强而不久的问题上。罗军国(2007)提出[188]:我国电子产业要增强自主创新能力,转变我国经济增长方式,必须实施集团战略,扶持品牌企业。品牌企业是产业国际化的"领头羊",是技术创新的"发动机",是产业实现可持续发展的主要来源。品牌化 OBM 是我国 EMS 产业走向国际化发展的重要策略。

具有较强研发能力和自主品牌产品的本土 EMS 企业,应专注于品牌经营和产品研发能力的提高,向跨国 OBM 企业发展,借助 EMS 企业的全球管理网络开拓国际市场。部分具备较强投资能力的国内大型企业,可采用海外直接投资的方法,在海外设立研发和制造基地,以介入跨国 OEM 产业价值链起点,将企业培养成具有国际化品牌效应的跨国 EMS 企业,在企业研发创新能力得以进一步提高后,由 EMS 品牌企业转型为具有品牌产品的 OBM 企业。通过实施海外直接投资的方法,我国 EMS 企业可在国外直接开办企业或收购现有国外企业的部分股权或采取其它方式获得国外企业经营权,将资金直接投放到国外企业经营活动中。海尔集团是我国 EMS 企业海外直接投资实现品牌化 OBM 企业的典型代表。海尔选择的国际化品牌战略路线是:在海外建立生产基地,尤其是在美国等发达国家投资建厂,自创品牌,自己营销。联想集团的国际化扩张为我国 EMS 企业通过跨国并购实现国际化扩张起到很好的示范作用。2004 年,联想集团以 12.5 亿美元收购 IBM 全球台式电脑和笔记本业务,成为世界第三大个人电脑厂商,使联想的全球 PC 业务在当时个人电脑业务规模的基础上增长近 4 倍,联想从我国本土的大型 PC 制造商一跃成为跨国 PC 核心企业。联想与 IBM PC 部的合并为联想带来诸多益处:IBM 拥有的全球高端客户群及相关知识产权为联想所用;IBM 出色的全球供应链管理能力与联想所拥有的低成本设施完美结合,使企业同时提高了采购及生产制造的规模效应;面临全球市场对联想的品牌认知度的挑战,IBM 的品牌声誉加盟使联想迅速提升本身品牌的认识度;结合从 IBM 学习到的先进技术和管理经验,吸收 IBM 的优秀管理人才,联想与 IBM PC 业务的并购,保证联想迅速进入跨国 PC 大企业行列,使联想通过品牌化 OBM 的模式实现了其国际化发展。

9.3.3 我国 EMS 产业发展的政策建议

由于历史原因和条块分割的现状,整合我国 EMS 产业,引导形成具有一定规模和实力、具有国际竞争力的 EMS 核心企业,并扶持 EMS 产业的长足发展,是我国政府要思考的新课题①。产业要发展,离不开政府创造的大环境。根据对旭电发展模式的实证分析,结合我国 EMS 产业集群发展趋势和国际化发展策略,为促进产业集群的发展和升级,提出以下政策建议。

(1) 扶持重要支柱产业,完善配套零部件产业,提高产业关联度。

中国产业结构虽在"十五"期间取得重要进展,但产业结构从总体看,仍不尽合理。我国的工业结构大而不强,服务业发展相对滞后。国家发展改革委员会在《2006 年中国发展与中国产业政策》中"中国产业结构调整的方向"一文指出:我国当前的任务要加快发展先进制造业,促进电子制造业从简单加工装配向深加工升级,提高高端产品、自主品牌的比重,在高端技术研发领域实现突破[189]。作为高端电子制造型服务业的代表产业,我国 EMS 产业发展和升级成为我国当前电子产业的重点课题之一。对于我国 EMS 产业而言,为了实现真正意义上的 EMS 产业集群功能,提高产业集群企业的创新能力,应该利用 EMS 产业专注于规模化和集成化的生产制造,采用政府政策扶持,将 EMS 产业作为我国电子产业的重要支柱产业,发挥核心 EMS 大企业的领袖作用,合理地重新配置各项资源,扶持本地化、中小型配套零部件产业,加强支柱产业与配套产业之间的产业关联度,使我国 EMS 产业的产业辐射能力增强。

加强 EMS 产业与配套产业的关联,关系到能否真正发挥我国 EMS 产业的集群功能。随着我国 EMS 产业的发展和集群的演化,在 EMS 产业价值链上会逐渐出现一些辅助产业。这些辅助产业可以由政府通过技术引进,也可以后发演化为专业零部件 OEM 企业,与我国 EMS 产

---

① 韩传峰,沈昕,中国电子制造服务产业的发展对策,制造业自动化,2007 年 2 月,第 79~83 页。同济大学 A 类核心刊物。

业形成配套关联,彼此促进、共同发展。配套产业链的形成,可以参考硅谷的产业环境,由政府主导,扶持以主导产业为中心,沿着主导产业价值链发展的相关产业,使其价值链纵向和横向延伸,形成完整的产业网络。硅谷的 EMS 产业集群和我国台湾新竹以集成电路产业为中心的产业网络都证实了产业关联度与经济发展速度之间的正关联性。

(2) 支持企业自主创新,推广和发展创新技术,推进国产化政策。

产业集群的形成,离不开产业内核心企业的领袖作用。我国 EMS 企业大多为中小型企业,所从事的价值链活动也都处于全球电子产业价值链的中、低端,企业多从事简单的电子产品生产制造,大部分制造技术和管理方法也依赖国外引进。我国目前的对外技术依存度在 50% 以上,而美国和日本都在 5% 以下。在继续引进国外先进技术的同时,我国 EMS 产业要实现长足发展,必须将企业立足点转移到自主创新,选择对当地经济发展有重大带动作用的支柱企业,进行集成化自主创新,培养我国 EMS 产业自有的核心企业,使之形成与本地化配套企业间的关联,推动零部件配套企业的国产化程度,建立我国 EMS 产业的价值链分工体系及产业集群梯次发展格局。

以苏州工业园区的 EMS 产业为例,投资的主力是欧美通信厂商、日本消费电子厂商和我国台湾、香港的计算机零部件周边厂商,主要以来料加工为主。从 1998 年到 2001 年,这些企业由我国台湾 PC 厂商带头,开始"北移"或"北扩",加大了在苏州等地区的投资,从而使外资在"长江三角洲"迅速发展。2001 年后,投资热点扩展到半导体及关键性零部件产业,形成了地区性的电子产业集群。但分析苏州工业园区的 EMS 产业链结构可以发现,我国本土 EMS 借助国外投资方才可以提高 EMS 制造工艺水平,并实现产品的更新换代,也容易实现生产制造软件、硬件的过程升级和产品升级,但在产品功能升级和产品功能研发方面仍相当困难。苏州工业园区的大部分企业仍以外资在苏州的生产制造基地为主,我国本土的EMS企业与这些外资企业相比,规模相对偏小,其业务范围也多集中在全球EMS产业价值链的低端。要改变这种情况,必须依靠企业的自主创新,并利用核心企业的领袖能力,推进配套企业的本土化,利用政府政策支持,使我国本土EMS产业有更好的发展环境,形成更完善的激励机制和创新型科技发展战略,为我国EMS产业的发展升级提供制度保障和政策支持。

(3) 重视政府协调作用,促进EMS产业集群化,推动特色化发展。

EMS产业的发展离不开所在的地区环境。当地政府在土地政策、资金筹措、区域性基础设施建设、招商引资、经营管理、税收政策、通关速度和海关政策等各方面都居于支配地位。企业选择在某地区发展,离不开该地区良好的投资环境。我国EMS产业在力争自主创新的基础上,政府应发挥重要的协调作用,使产业集群具有良好的外部环境,形成政府协调与企业发展自组织之间的合作系统,共同促进产业集群的形成,并结合我国EMS产业内各种企业的不同发展情况,推动企业特色化发展。

我国政府应注重完善风险投资机制。从EMS产业在硅谷和我国台湾新竹的发展来看,风险投资是高科技产业和新经济发展的最有利条件,是新兴产业诞生的催化剂。我国目前的风险投资体系大多由政府控制,属于政府的直属企业,这些机构在应对市场变化时,与硅谷等地的风险投资机构相比,在资金启动和资金实力方面,具有强大优势,但存在着机制僵硬、效率低下、盲目决策和与企业需求脱节等问题。在我国EMS产业发展过程中,政府积极完善风险投资机制,能使我国EMS产业面对真实的全球竞争,通过自主创新,提高企业风险投资决策能力,促使企业国际竞争力提高,带动我国EMS产业向价值链高端转移。

(4) 发挥政府导向作用,深化EMS产学研互动,促进集群的演化。

旭电的案例说明新兴产业发展离不开背后强大的研发力量。我国

EMS产业,作为电子产业中最重要的一个产业,政府应加大投入力度,加快引导我国高等学府和研发机构与核心EMS企业之间的互动合作,建立科研院所的专业服务平台,构建产学研互动体系的空间、地理位置布局,形成多层次产学研一体化的格局。加强政府导向作用,可以使我国国内的高校、研究机构等研发力量投入到急待发展的核心产业中去。高校和研发机构通过与核心EMS企业的互动,创新思想将直接转化为核心EMS企业的创新成果。通过进一步建立以企业为主体的产学研联盟,集中运用我国的研发力量,在区域内实现创新要素的自由流动和整合,强化核心EMS企业的竞争力,并形成产业集群的创新效应。

产业集群内的创新效应,将引发产业价值链上合作企业间的知识溢出,使我国EMS产业体系中技术相对落后的企业能更快地吸收、模仿核心EMS企业的研发创新成果,实现创新在产业链上的传递,从而使产业链整体形成创新研发成果的良性转让平台,进一步刺激核心EMS企业新一轮的创新活动,促进集群的演化和产业竞争力的同步提升。

自1995年跨国EMS产业在中国投资以来,我国EMS产业已在珠三角、长三角等经济发达地区形成了相当规模,大部分本土EMS产业依赖外来技术的比例虽大,但已有部分企业形成自我创新的研发、服务基地。我国中西部地区的EMS产业发展相对缓慢,处于初级的电子组装生产阶段。EMS产业在发展进程中,应合理配置外部资源,根据各个地区、区域发展的不同情况,促进先进技术、管理方法等从相对成熟的东部地区向西部地区渗透、延伸,将价值链低端的高劳动密集型生产制造布局在发展缓慢的地区。在经济高速发展的地区,应致力于品牌企业的形成,稳步梳理全球资源在我国EMS产业体系内的配置,在拓展产业全球价值链的同时,实现我国EMS产业的梯次发展格局,提高整体EMS产业链的竞争力以实现国际化发展目标。

结　语

随着全球经济高速发展、信息技术和高新技术的日新月异,电子产业集群蓬勃发展,体现出强大的活力和竞争力。作为我国电子信息产业的重要产业,EMS产业成为全球经济发展和技术进步的引擎,也是我国电子产业中最为重要的支柱产业,引起政府和理论界的极大关注。由于EMS产业的辐射面宽,以及产业本身具有的复杂性特点,EMS产业发展对新兴电子配套产业崛起、引导我国电子产业分工体系的形成、强化竞争优势、实现快速响应市场需求以及EMS产业自身结构性调整都有着深刻而广泛的影响。目前,我国EMS产业位于全球电子产业价值链分工体系的第三层次,改变现有格局,实现向第一层次的攀升,成为当前亟待解决的问题。该问题的解决也为我国从制造大国转变为制造强国提供新的思路。

以我国EMS产业为切入点,运用系统思想,采用PEST分析法,针对跨国EMS产业与我国EMS产业的发展情况进行比较分析,基于系统论、供应链理论、企业生态理论、协同理论及企业竞争力等理论,深入剖析我国EMS产业发展的生态系统、动力系统、评价体系、协同模式、发展创新模式和国际化发展策略,建立适用于我国EMS产业的梯次发展策略,对我国EMS产业发展进行系统研究,并结合跨国EMS企业的典型企业——旭电的实证研究,阐释了本书的主要研究成果对旭电运营所起到的优化作用。为实现我国 EMS 产业可持续发展,应深化 EMS 产业系统的理论研究,明确系统发展的方向,推进我国 EMS 产业的国际化进程,改善我国 EMS 产业在国际电子产业的地位。总结本书的主要研究工作,并提出进一步研究方向。

(1) EMS 产业是由电子外包企业延伸而来的新兴电子产业,研究 EMS 产业的起源,界定 EMS 的概念,提出了进入协同阶段的 EMS 构成。

(2) 通过研究发达国家和地区,特别是美国硅谷、我国台湾新竹科学工业园区等 EMS 产业集群的发展经验,结合我国 EMS 产业的发展现状,从国内外 EMS 发展的 PEST 比较分析着手,探讨我国 EMS 产业发展的主要影响因素,以及我国 EMS 产业集群发展存在的问题和发展趋势。

(3) 引入生态系统研究视角,对我国 EMS 产业发展所需的系统因素进行进一步分析,阐述可持续发展系统所必需的四项主要环境要素:触发 EMS 产业对外界产业环境产生反应的催化剂;推动产业持续成长的内外部动力机制;促进产业进入成长期的支持性环境因素;EMS 产业与关联产业的依存性对 EMS 产业发展的影响等。本书分析了我国 EMS 产业发展的系统特点、目前所具备的集群效应及存在的主要问题,明确了进一步系统研究的方向。

(4) EMS 产业离不开发展的动力源,本书引入物理学中物体受力作用运动的模型,建立我国 EMS 产业发展动力系统结构。以多维视角从企业层面、产业层面及政府层面定性地分析我国 EMS 产业发展的驱动力、内部持续动力、外部持续动力及发展中阻力所组成的合力系统结构。动力系统结构的核心目的是实现我国 EMS 产业的可持续发展。

(5) 传统的业绩评价体系多用财务指标为主要业绩评价指标,此业绩指标评价体系远不能满足我国EMS产业所面临的国际市场竞争和与日俱增的客户期望。本书借鉴国内外EMS现有的业绩评价体系,将知识转移和全球价值链管理能力纳入指标评价体系,采用主成分分析法和专家评分法定量地构建适用于我国EMS产业发展的指标评价体系,为我国EMS产业选择具有竞争力的主营业务、完善内部运营提供参考。并采用范例模拟我国典型EMS企业发展的评价结果,采用蛛网图分析方法阐述被评价企业存在的不足之处,实现财务指标与非财务指标的有机结合,为我国EMS企业可持续发展起到实践指导作用,也有利于形成我国EMS产业内的指标评价体系行业规范。

(6) 借鉴跨国EMS企业的优秀运营模式,本书构建嵌入全球价值链的产业内价值链协同模式、嵌入全球价值链的企业间供需协同模式和我国EMS企业运营管理的标准化运作模式;建立我国EMS企业微观层面的协同发展体系框架;探讨我国EMS企业的协同运行机制,促使我国EMS产业的发展形成与全球价值链上合作伙伴间的前向、后向协同整合运作。协同模式的建立和标准化运作的理念从总体上给出了与价值链合作伙伴形成无缝化协作的可能途径及方法,为我国EMS企业驾驭全球价值链运作提供了企业内外部全面整合的协同运营模式。

(7) 在对跨国EMS产业及我国EMS产业的分布和经济特征进行进一步分析的基础上,本书构建基于我国EMS产业发展的三次创新模式:技术创新、研发创新和品牌创新,并提出我国EMS产业发展模式的创新选择思路。这有助于我国EMS产业建立符合国际规范的管理机制,将比较优势转向技术密集型开发优势,培养我国EMS企业自有的、具有自主知识产权的核心产品研发团队,形成我国EMS产业梯次发展格局。

(8) 本书以典型企业跨国EMS——旭电为案例,运用论文中所建立的系统发展模式进行实证研究。阐释旭电发展的过程、所运用的发展

结　语

模式及其对旭电发展起到的优化作用。针对我国 EMS 产业当前的发展趋势,提出了我国 EMS 产业梯次发展的国际化策略及政策建议,使论文研究对我国 EMS 产业发展具有实际指导作用,也丰富了我国 EMS 产业发展的系统研究理论。

作为一个人口众多、国土面积大的发展中国家,由于长期在计划经济体制下运行,管理体制与运作模式受"大而全"、"小而全"思想影响严重,企业的封闭性较强,过多强调企业内部资源,导致企业投资负担重,经营战线长,不能专注于核心业务,从事了许多并不具备竞争力的业务活动,影响了企业的综合竞争力,无法形成核心大企业和产业集群组织。目前经济全球化格局虽为发展中国家和地区获得技术外援提供了可能,但要获得与发达国家相同的增长回报和维持增长的可持续性,却远远不够。要促进我国 EMS 产业的可持续发展、确保国际化地位,必须制定系统的发展模式,在深入对比跨国 EMS 产业与我国 EMS 产业发展现状后,针对我国 EMS 产业的不足,阐明了产业持续发展所需的环境和动力因素。采用先进的竞争力评价体系,及集成化前向、后向整合的嵌入全球价值链协同模式对客户端和供应端的信息和资源进行统一部署,实现标准化协同运作。在减少资源浪费、实现成本节余、促进生产制造规模化的同时,形成产业组织的内部创新体系。在研究跨国 EMS 产业及我国 EMS 产业经济分布的基础上,提出了适合我国 EMS 产业梯次发展创新选择模式,针对我国 EMS 产业中具有不同经济特点、技术特长的企业提供了几项不同的国际化发展策略和辅助的政策建议,为我国 EMS 产业发展提供了系统解决方案。本书所倡导的系统发展模式具有创新价值的核心部分包括适用于我国 EMS 产业发展的系统评价体系、嵌入全球价值链体系的协同模式及发展模式创新。以旭电做实证研究,分析了此系统发展模式对旭电发展起到的优化、促进作用,论证了此系统发展模式是我国 EMS 产业实现国际化扩张的有效工具。

研究从理论层面定性地构建了我国EMS产业动力系统结构,针对不同类型的产品结构、市场取向、客户要求,各项动力、阻力的进一步量化、细分问题,以及运作动力系统结构如何有效地实施,还有待进一步研究。

本书指出,运用嵌入全球价值链的协同模式,与全球价值链合作伙伴达成无缝化协作能迅速促进我国EMS产业的国际化进程。通过价值链功能升级,培养具有自主创新能力的本土EMS企业,我国EMS产业有望形成高速发展的产业集群,并带动本土其它相关行业的发展。在国际化发展进程中,要成就我国EMS企业的国际化领袖地位,必须具备突破现有价值链上治理者限制的能力,具备有效、快速地实现功能升级和价值链升级的能力,取代价值链现有治理者,具备新价值链的衍射能力。如何实现在全球价值链上从被治理者向治理者地位的转变,未来研究尚需拓展。

本书所建立的系统研究体系包括生态系统、动力系统结构、协同模式及标准化运作、基于三次创新的发展模式创新和国际化策略部分在其它相关产业领域的可行性运用,也待后续推广应用和深入研究。在进行实证研究过程中,选用旭电作为代表性EMS企业研究对象,进行了个案分析。在时间和精力允许的条件下,选择处于我国不同地区、不同发展阶段的EMS企业进行实证分析,将能归纳出更为精确、更令人信服的研究结论。

参考文献

[1] 王慧卿. 中国经济规模超英国 成全球第四大经济体[N]. 第一财经日报, 2006-7-4.

[2] 佚名. 中国年内将超越德国成为全球第三大经济体[N]. 中国日报, 2007-7-17.

[3] 刘志彪. 经济国际化的模式与中国企业国际化的战略选择[J]. 经济理论与经济管理, 2004(8): P11-17.

[4] 苏伟. 电子信息产业的地位与作用[J]. 北方经贸, 1998(2): 25-26.

[5] Prahalad C K, Hamel G. The core competence of the corporation[M]// Strategische unternehmungsplanung-strategische unternehmungsführung Springer Berlin, 2006: 275-292.

[6] 顾丕谟. EMS—快速发展的专业电子制造服务[J]. 现代表面贴装资讯, 2001, 14(3): 47-51.

[7] 芮明杰. 产业经济学[M]. 上海: 上海财经大学出版社, 2005.

[8] 倪兆明. 国际EMS新动向对中国电子制造业的影响[J]. 国际电子商情, 2004(1).

[9] 张维迎. 竞争力与企业成长[M]. 北京: 北京大学出版社, 2006.

[10] Campbell N C G. An interaction approach to organizational buying behavior [J]. Journal of Business Research February, 1985, 13(1): 35-48.

[11] Dong Patrica M,Cannon Joseph P. An examination of the nature of trust in buyer-sell relationships[J]. Journal of Marketing,1997,61(2):35-51.

[12] Feenstra R C. Integration of trade and disintegration of production in the Global Economy[J]. Journal of Economic Perspectives,1998,12(4):31-50.

[13] Quinn J B,Hilmer F G. Strategic outsourcing[J]. Sloan Management Review,1994,35(4):43.

[14] 孙明贵.试析日本企业的业务外包战略[J].外国经济与管理,2002,24(3):36-39.

[15] 郑吉昌.基于服务经济的服务业与制造业的关系[J].数量经济技术经济研究,2003:(12):110-112.

[16] 郭永辉,钱省三.企业外包战略的决策模型研究[J].北京工商大学学报(社会科学版),2005,20(1):93-107.

[17] www.flextronics.com,intranet.

[18] 钟秀.电子制造服务——一种崭新的经营模式[J].电子产品世界,2000(5):44-45.

[19] 杨依依.EMS 战略探析[J].现代管理科学,2004(7):50-51.

[20] 邵虞.世界 EMS 业前景乐观[J].电子产品世界,2002(8):11-16.

[21] 沈昕.以客户为中心的管理创新——新兴电子制造服务行业中的客户服务项目组[J].现代管理科学,2006(2):45-47.

[22] 周竹梅.欧美企业外包战略分析及启示[J].交通企业管理,2005(5):50-51.

[23] 申光龙.业务外包战略的决策框架与电子制造服务[J].深圳大学学报,2001,18(4):49-55.

[24] Jim Walker. Outsourcing:The Good Life[J]. High-Density Interconnect Magazine,2000(7).

[25] 苏伟.电子信息产业的地位与作用[J].北方经贸,1998(2):25-26.

[26] 陈渊.OEM 经营方式的利与弊[J].中华商标,2002(9):34.

[27] 刘斌.国外 OEM 的成功实践[J].中华商标,2002(12):25-26.

[28] EMS—与中国电子制造业共同成长[J]. 电子产品与技术,2004(9):39-40.

[29] 孙敬平. 基于价值链分解的业务外包模式研究[J]. 华东经济管理,2006,20(3):104-106.

[30] 张连成,候景亮,迟红娟. 基于业务外包谈企业竞争力的提升[J]. 特区经济,2006(1):194-195.

[31] 李怀政. 我国制造业中小企业在跨国公司全球产业链中的价值定位[J]. 国际贸易问题,2005(6):120-123.

[32] 贝塔朗菲. 一般系统论[M]. 北京:清华大学出版社,1987.

[33] 颜泽贤,范冬萍,张华夏. 系统科学导论—复杂性探索[M]. 北京:人民出版社,2006.

[34] 安中涛,崔援民. 从系统论角度构建企业绩效评价的理论框架[J]. 哈尔滨工业大学学报(社会科学版),2005,7(2):81-85.

[35] 池仁勇,邵小芬,吴宝. 全球价值链治理、驱动力和创新理论探析[J]. 外国经济与管理,2006,28(3):24-30.

[36] 钱学森等. 论系统工程[M]. 长沙:湖南科学出版社,1982.

[37] 苗东升. 系统科学精要[M]. 北京:中国人民大学出版社,1998.

[38] 陈思云. 基于系统论的供应链管理绩效分析[J]. 武汉理工大学学报·信息与管理工程版,2003,25(6):161-164.

[39] 谷传华,陈会昌. 从创造系统论谈企业创新[J]. 湖南第一师范学报,2004,4(1):11-14.

[40] 张劲松. 从系统论看国企产权制度改革[J]. 兰州学刊,2005,144(3):113-115.

[41] Klir G. Facets of system science[M]. Lluwer Academic/Plenum Publishers,2001.

[42] 宋阳,祝木伟. 企业生态理论对我国中小企业成长的启示[J]. 湖湘论坛,2004(4):65-66.

[43] Hannan M T, Freemand J. The population ecology of organizations.[J]. American Journal of Sociology, 1977(82):929-964.

[44] 郝刚. 区域产业生态理论及应用研究[D]. 天津：河北工业大学，2002.

[45] 何永刚，黄丽华，戴伟辉. 基于生态理论的信息系统进化研究[J]. 科技导报，2005(211)：41-44.

[46] 尚海洋. 博弈论方法在工业生态系统分析中的应用初探[J]. 西北师范大学学报(自然科学版)，2006(1)：96-100.

[47] 王金圣. 供应链及供应链管理理论的演变[J]. 财贸研究，2003(3)：64-69.

[48] Kuglin FA. Customer-centered supply chain management: A link-by-link guide[M]. New York, NY：AMACOM，1998.

[49] Gunasekaran A，Lai K，Cheng T C E. Responsive supply chain：A competitive strategy in a networked economy[J]. The International Journal of Management Science，2008，36(4)：549-564.

[50] 迈克尔·波特. 竞争优势[M]. 北京：华夏出版社，2005.

[51] Rayport J F，Sviokla J J. Exploiting the virtual value chain[J]. Business Review，1995(4)：75-99.

[52] Slywotzky A J. Value Migration：How to think several moves ahead of the Competition[J]. Boston：Harvard Business School Press，1996.

[53] Cox J F，Blackstone J K，Spencer M S (eds). APIC Dictionary (8th ed)[J]. American Production and Inventory Control Society，Falls Church，VA. 1995.

[54] http://www. moc. gov. cn/05zhishi/wuliugl/t20050316_17342. htm.

[55] 中华人民共和国国家标准物流术语[EB/OL]. [2006-08-29]. http://www. gzxdwl. com/Article2/ShowArticle. asp?.

[56] http://www. 56. com. cn/zx_center/ShowInfo. aspx? id=18002.

[57] Ford D. The development of buyer-seller relationships in industrial markets [J]. European Journal of Marketing，1980，14(5/6)：339-353.

[58] Porter M F. The competitive advantages of nations[M]. New York：The Free Press，1990.

[59] Willis T，Huston C. Vendor requirements and evaluation in a JIT

environment[J]. International Journal of Operations and Production Management, 1990(8): 41 - 50.

[60] Evans R J, Laskin R. The relationship marketing process: a conceptualization and application[J]. Industrial Marketing Management, 1994, 23(5): 439 - 452.

[61] Trent R J, Monczka, R M. Purchasing and supply management: Trends and changes throughout the 1990s[J]. International Journal of Purchasing and Materials Management, 1998, 34(3): 2 - 11.

[62] Christopher M L. Logistics and supply chain management[M]. London: Pitman Publishing, 1992.

[63] 马士华, 林勇. 供应链管理[M]. 北京: 机械工业出版社, 2001.

[64] 马士华, 王福寿. 时间价格敏感型需求下的供应链决策模式研究[J]. 中国管理科学, 2006, 14(3): 13 - 19.

[65] Moore M H. usiness Strategy: The determinants and efforts of vertical integration in the electronics manufacturing services industry (EMSI)[D]. San Francisco: Golden Gate University, 2003.

[66] 罗定提. 企业间合作关系理论研究现状[J]. 株洲工学院学报, 2005, 19(1): 1 - 7.

[67] Småros J. Information sharing and collaborative forecasting in supply chains[D]. Helsinki University of Technology Laboratory of Industrial Management, 2005.

[68] Ouyang Yanfeng, Daganzo C. Robust tests for the bullwhip effect in supply chains with stochastic dynamics[J]. European Journal of Operational Research, 2006, 185(2008): 340 - 353.

[69] Lambert D M, Stock J R, Ellram Lisa M. Fundamentals of logistics management[M]. Boston, MA: Irwin/McGraw-Hill. 1998.

[70] Lambert D M, Cooper Martha C. Issues in supply chain management[J]. Industrial Marketing Management, 2000(29): 65 - 83.

[71] Lambert D M, Guinipero L C, Ridenhower G J, et al. Supply chain management: A key to achieving business excellence in the 21st century fundamentals of logistics management. [J]. Foundamentals of Logistics Management, 1998.

[72] Anderson E, Narus J A. A model of distributor firm and manufacturer firm working relationship[J]. Journal of Marketing. 1990, (54): 42-58.

[73] Kogut B. Designing global strategies: comparative and competitive value-added chains[J]. Sloan Management Review, 1985, 26(4): 15-28.

[74] Monczka R M, Trent R J, Callahan T J. Supply base strategies to maximize supplier performance[J]. International Journal of Physical Distribution & Logistics Management, 1993, 23(4):42-45.

[75] Trent R J. Becoming an effective teaming organization[J]. Business Horizons, 2004, 47(2): 33-40.

[76] Wagner J A, Rubin P A, Callahan T J. Incentive payment and nonmanagerial productivity: An interrupted time series analysis of magnitude and trend[J]. Organizational Behavior and Human Decision Processes, 1988, 42(1): 47-74.

[77] 阎海燕,陈奎峰. 现代采购——供应链中的增值服务[J]. 科技管理研究, 2003(4):

[78] Wenzek H. Rewiring electronics: Discovering strategies for sustainable growth from a business ecosystem perspective[J]. IBM Institute for Business Value, 2004.

[79] Cho John,冯月圻. 中国电子企业的价值链协作[J]. IBM 国际研究出版,2005.

[80] 温德成,李开鹏. 供应链协同竞争环境下波特竞争模型的适用性研究[J]. 统计研究,2006(10): 64-67.

[81] 格林沃尔德,胡凌鹊. 揭开竞争优势的面纱[J]. 世界经理人,2006(9): 56-62.

[82] 沈昕,韩传峰.中国电子制造服务业需求协同模型的构建与应用研究[J].工业工程管理,2007,12(3):77-81.

[83] Ansoff. The innovative firm [J]. Long Range Planning, 1968, 1(2):26-27.

[84] Ansoff H. Igor. Conceptual underpinnings of systematic strategic management [J]. European Journal of Operational Research, 1985, 19(1):2-19.

[85] 迈克尔·波特.竞争论[M].北京:中信出版社,2003.

[86] Hiroyuki Itami. Mobilizing invisible assets[M]. Cambridge Mass:Harvard University Press,1987.

[87] 刘卫东.硅谷:一个大学与地区经济协同发展系统——应用协同理论透视硅谷奇迹[J].科技进步与对策,2003(7):19-21.

[88] 马云辉,王猛.战略理论综述[J].经营管理—现代企业教育,2004(4):28-29.

[89] 郑华林,刘清友,宛西原,等.基于客户协同的定制产品开发模式研究[J].管理技术,2006(6):109-112.

[90] 迈克尔·波特.竞争战略[M].北京:华夏出版社,2005.

[91] Gersbach H, Jansen T, Lewis W W, et al. The secret to competitiveness—competition[J]. The McKinsey Quarterly, 1993(4):29-44.

[92] http://www.weforum.org/en/index.htm.

[93] 袁家新,程龙生.企业竞争力及其评价[J].统计与决策,2003,5(161):38-40.

[94] 龚仰军.产业结构研究[M].上海:上海财经大学出版社,2002.

[95] 诸军亮,宋立荣.电子制造企业供应链管理发展趋势的思考[J].财会研究,2002(6):28-30.

[96] 龚哲君.供应链系统柔性经济定量模型[J].物流科技,2006,29(5):104-108.

[97] Buono A F. Enhancing strategic partnerships: Intervening in network organizations[J]. Journal of Organizational Change Management, 1997, 10(3):251-266.

[98] Wang Y, Lo Hing-Po. Multi-level competition and the integrated hierarchical model of competitive advantages in turbulent environments: a resource-based view[J]. Foresight, 2002, 4(3): 38–50.

[99] 上海财经大学课题组. 中国产业发展总体走势[M]. 上海: 上海财经大学出版社, 2006.

[100] Franceschini F. Outsourcing: Guidelines for a structured approach[J]. Benchmarking: An International Journal, 2003, 10(3): 246–260.

[101] Blumberg Les. Outsourcing competitive advantage: the use of supplier associations[J]. International Journal of Physical Distribution & Logistics Management, 2001, 28(7): 524–546.

[102] http://www.foxconn.com.cn/about/index1.htm.

[103] http://www.foxconn.com.cn/CompetitiveAdvantages.htm.

[104] http://www.flextronics.com/en/default.aspx.

[105] http://www.sanmina-sci.com/.

[106] http://www.solectron.com/main/index.html.

[107] http://www.celestica.com/Home/Home.aspx.

[108] http://www.jabil.com/.

[109] 欧波. 全球前50家EMS公司排名: 供应链顾问角色正日益增强[EB/OL]. [2006-9-1]. http://www.esmchina.com/ART_8800070776_617671_cc88e5d6200609.HTM.

[110] 李明骏. 我国电子制造服务企业发展对策探讨[D]. 上海: 上海交通大学, 2004.

[111] 曹霞, 唐元虎. 台湾地区信息产业的发展以及启示[J]. 上海综合经济, 2001(6): 50–52.

[112] Berggren C, Bengtsson L. Rethinking outsourcing in manufacturing[J]. European Management Journal, 2004, 22(2): 211–223.

[113] 周睿. 中国EMS和ODM迈进希望轨道[J]. 国际电子商情, 2005(8).

[114] 梁东. 企业战略管理[M]. 北京: 机械工业出版社, 2004.

[115] 薛蕴茹.试用 PEST 分析法研究印度软件产业的发展及其对我国的启示[J].科技和产业,2006,6(9):17-23.

[116] [美]埃弗雷特·M·罗杰斯,朱迪恩·K·拉森.硅谷热[J].范国鹰,等,译.北京:经济科学出版社,1985(8):38-59.

[117] Corstent D. Exploring the performance effects of key-supplier collaboration [J]. International Journal of Physical Distribution & Logistics Management. 2005, 35(6):445-461.

[118] Henderson V, Kuncoro A, Turner M. Industrial development in cities[J]. Journal of Political Economy, 1995, 103(5):1067-1090.

[119] 韩传峰,沈昕.中国电子制造服务产业的发展对策[J].制造业自动化.2007(2):79-83.

[120] Odum Eugene P. Fundamentals of ecology [M]. Philadelphia: W B Saunders Co, 1971.

[121] 贝塔朗菲 L.一般系统论的历史与现状[M]//一般系统论,科学学译文集.北京:社会科学文献出版社,1987.

[122] Levine S H. Products and ecological models — A population ecology perspective[J]. Journal of Industrial Ecology1 Forum (Copyright by theMassachusetts Institute of Technology and Yale University). 1999, 3 (2-3):47-62.

[123] 颜泽贤,范冬萍,张华夏.系统科学导论—复杂性探索[M]//一般系统论.北京:人民出版社,2006.

[124] 李建军.硅谷模式及其产学创新体制[D].北京:中国人民大学,2000.

[125] 陈健.产业集群与我国制造业全球价值链提升[J].价值工程,2006(9):47-48.

[126] 郑如震.从生态理论探索研究中小企业的成长[J].工业技术经济,2002(5):84-86.

[127] Cyert R M, Goodman S, Paul. Creating effective university-industry alliances: An organizational learning perspecive [J]. Organizational

Dynamics, 1997(1), P45-57.

[128] 孙国辉. 集团公司全球战略[M]. 北京：清华大学出版社, 2005.

[129] 雷·奥基. 高技术小公司[M]. 周美和, 等, 译. 北京：科学技术文献出版社, 1988.

[130] 吴福象. 跨国公司制造业垂直分离理论研究的进展, 问题与启示[J]. 经济评论, 2005(5)：101-106.

[131] Anderson D, Lee H. Synchronized supply chain: The new frontier[J]. ASCET, 1999, 6(1)：56-59.

[132] Gupta U G, Gupta A. Outsourcing the is function: Is it necessary for your organization[J]. Information Systems Management, 1992, 9(3)：44-47.

[133] Winkleman M, Dick P, Lee M. The outsourcing source book[J]. Journal of Business Strategy, 1993, 14(3)：52.

[134] Beulen D B, Ribbers P M A, Roots J. Outsourcing Van IT-dienstver lening: een make or buy beslissing[J]. Dordrecht. Kluer Bedrijfswetenschappen, 1994.

[135] Boyson S. Logistics and extended enterprise-benchmarks and best practice for the manufacturing professional[M]. New York: John Wiley & Sons, 1999.

[136] Levitt T. Exploit the product life cycle[J]. Harvard Business Review, 1965(3)：81-94.

[137] 李柏洲. 企业发展动力研究[D]. 哈尔滨：哈尔滨工程大学, 2003.

[138] Lewin K. Field theory in social sciences[M]. New York: Harper & Row, 1951.

[139] 朱伟民, 周冰. 蓬勃发展的上海电子制造业——上海电子制造业及信息化概况和特点[J]. 洞察, 2006(6)：30-33.

[140] 芮明杰, 刘明宇, 任江波. 论产业链整合[M]. 上海：复旦大学出版社, 2006.

[141] Loashy B. Organizational capabilities and interfirm relations[J]. Metroeconomica, 1994, 45(3)：248-265.

[142] 迈克尔·波特.竞争与战略[M].北京:中信出版社,2003.

[143] 乔伊,弗雷德里克·DS,卡罗尔·安·福罗斯特,等.国际会计学[M].大连:东北财经大学出版社,2000.

[144] Lummus R R, Vokurka R J, Alber K L. Strategic supply chain planning[J]. Production and Inventory Management Journal, 1998, 39(3): 49.

[145] Nagal R, Dove R. 21st Century manufacturing enterprise strategy: An industry-led view[M]. Darby: Diane Publishing, 1991.

[146] Pawar K S, Driva H. Performance measurement for product design and development in manufacturing environment[J]. International Journal of Production Economics, 1990, 60(69): 61-68.

[147] Bond T C. The role of performance measurement in continuous improvement[J]. International Journal of Operations & Production Management, 1999, 19(12): 1318-1334.

[148] Whipple J M, Frankel R. Strategic alliance success factors[J]. The Journal of Supply Chain Management, 2000, 36(2): 21-28.

[149] Medori D, Steeple D. A framework for auditing and enhancing performance measurement system[J]. International Journal of Operations & Production Management, 2000, 20(5): 520-533.

[150] 叶飞,徐学军.动态联盟的绩效评价指标体系及其评价方法[J].中国软科学,2000(9):117-119.

[151] 碧波,潘晓弘,程耀东.敏捷虚拟企业合作伙伴选择评价体系研究[J].中国机械工程,2000,11(4):397-401.

[152] 方志梅,叶飞帆.中小企业敏捷性及其评价体系研究[J].工业工程与管理,2000(4):40-44.

[153] 张炳轩,李龙洙,都忠诚.动态供应链合作伙伴的评价体系及其模型评价方法[J].天津师范大学学报(自然科学版),2001,21(3):19-23.

[154] 王勇,孙良云.供应链竞争力评价指标体系研究[J].商业研究,2002,255(10):38-40.

[155] 朱永升,韩伯棠,等.供应链合作伙伴核心竞争力综合评价[J].计算机集成制造系统,2004,10(5):556-559.

[156] 陈志祥.敏捷供需协调绩效评价指标体系研究[J].计算机集成制造系统,2004,10(1):99-105.

[157] 姜方桃.供应链管理绩效评价的模糊综合评价法[J].统计与决策,2006(9):159-163.

[158] 金碚.产业国际竞争力研究[J].经济研究,1996(11):39-44.

[159] 吴显英.区域技术创新能力评价中的因子分析[J].哈尔滨工程大学学报,2003,24(2):233-236.

[160] 余建英,何旭宏.数据统计分析与SPSS应用[M].北京:人民邮电出版社,2003.

[161] 卢纹岱.SPSS for Windows 统计分析[M].3版.北京:电子工业出版社,2007.

[162] 苏州统计局编.苏州统计年鉴[M].北京:中国统计出版社,2007.

[163] 中华人民共和国国家统计局编.中国统计年鉴2007[M].北京:中国统计出版社,2007.

[164] 林杰斌,林川雄,刘明德,等.统计建模与应用实务[M].北京:中国铁道出版社,2006.

[165] Magsaysay J. Forming 3A supply chain [J]. Global Sources, World Executive's Digest Ltd. Crand Cayman, Cayman Islands. 2006, (7): 64-68.

[166] Gort M. Diversification and integration in American industry [M]. Princeton: Princeton University Press, 1989.

[167] Shen Synthia Xin, Han, Chuan Feng. China electrical manufacturing services industry value stream mapping collaboration [J]. Journal of Flexible Service and Manufacturing (International Journal of Flexible Manufacturing Systems), 2007, 18(4): 285-303.

[168] Womack J P, Jones D. Lean thinking[M]. New York: Simon & Schuster, 1996.

[169] Womack J P, Jones D T, Roons D. The machine that changed the world[M]. New York: Rawson Associates, 1990.

[170] Porter M E. Competitive advantage: Creating and sustaining superior performance[M]. New York: Free Press, 1985.

[171] Holmström J, Framling K, Kaipia R, et al. Collaborative planning forecasting and replenishment: New solutions needed for mass collaboration[J]. Supply Chain Management, 2002, 7(3/4): 136-145.

[172] Hameri A, Anntti P. Supply network dynamics as a source of new business[J]. International Journal of Production Economics 98, 2004(9), 41-55.

[173] Bhatnagar R, Chandra P, Goyal S K. Models for multi-plant coordination[J]. European Journal of Operational Research, 1993(67): 141-160.

[174] Hall R W. Zero Inventories[M]. Home-wood, IL: Dow Jones-Irwin, 1983.

[175] Schonberger R J. Japanese manufacturing techniques: Nine hidden lessons in simplicity[M]. New York: The Free Press, 1982.

[176] Lee H, Padmanabhan V, Whang S. Information distortion in a supply chain: The bullwhip effect[J]. Management Science, 1997, 43(4): 546-558.

[177] Wenzek H. Rewiring Electronics: Discovering strategies for sustainable growth from a business ecosystem perspective[J]. IBM Business Consulting Services, 2005.

[178] 郑京淑. 跨国 EMS 企业推动下的水平分工发展新趋势[J]. 国际贸易问题, 2005(9): 104-109.

[179] 上海财经大学课题组. 2006 中国产业发展报告——制造业的市场结构、行为与绩效[M]. 上海: 上海财经大学出版社, 2006.

[180] 实益达: 规模高速扩张期即将到来[EB/OL]. [2007-6-13]. http://money.163.com/07/0613/13/3GSE2HME00251LK0.html.

[181] 王大刚, 席酉民, 周云杰. 海尔集团整合营销战略[J]. 系统工程, 2006, 24

(3): P95-102.

[182] 季望舒. 从海尔模式看中国企业的跨国经营[J]. 管理探索, 2006(1): 16-17.

[183] 高静华, 刘传哲. 海尔: 以技术创新构建企业核心竞争力[J]. 企业活力—技术创新, 2005(12): 6-7.

[184] 刘常勇. 后进地区科技产业的苦笑曲线[J]. 能力杂志, 1999, 1: 13-14.

[185] 刘常勇. 光驱产业之竞争策略研究[J]. 中华管理评论, 1998(10).

[186] 吴晓波, 许冠南, 刘慧. 全球化下的二次创新战略: 以海尔电冰箱技术演进为例[J]. 中国科技论文在线, 2005.

[187] 刘春香. 美国硅谷高科技产业集群及其对中国的启示[J]. 工业技术经济, 2005, 24(7): 35-39.

[188] 欧新黔, 刘江, 罗军国. 中国产业发展与产业政策[M]. 北京: 新华出版社, 2007.

[189] 丁刚, 刘旭, 张建平, 等. 中国产业发展与产业政策(2006)[M]. 北京: 新华出版社, 2007.

[190] Forker L B, Peter S. Cooperation versus competition: do buyers and suppliers really see eye-to eye? [J]. European Journal of Purchasing & Supply Management, 2000, 6(1): 31-40.

[191] Brian F, Chris V, Baarca D, et al. The impact of supply chain relationship quality on quality performance [J]. International Journal of Production Economics, 2005, 96(3): 339-354.

[192] David G. Ulhnan, The Mechanical, Design Process [M]. New York: McGraw-Hill Inc., 1993.

[193] Design for Manufacturability, (DFM) Guidelines, Alcatd, August 2003.

[194] IPC — D · 279 standard, Design Guidelines for Reliable Surface Mount Technology Printed Board Assemblies.

[195] Wright P K. 21st Century Manufacturing[M]. Prentice Hall, 2001.

[196] Menon A K. Critical requirements for 100Gb/in2 head media interface[C].

Proceedings of the symposium on interface tribology towards 100Gb/iu2. Orlando, Florida, 1999.

[197] Gao C, Dai P, Vu V Flying stiction, lubricant pick-up and carbon-overcoat wear of agnetic heads[J]. Trans. ASME, J. of Trilwlogy, 1999, 121: 97-100.

[198] Perettic D J. The head-disk interfaces: first contact[J]. IDEMA present Hongkong University of science and technology. 2000, 20-22.

[199] Luo J B, Yang M C. Surface modification of computer magnetic head[J]. Sino-German Symposium on Micro Systems and Nano Technology, 2001, 7-9.

[200] Yang M C, Luo J B, Wen S Z et al. Failure characterization at head/write interface of hard disc drive[J]. Science in China. 2001(44),407-411.

[201] Yang M C, Luo J B, Wen S G, et al. Investigation of X-1P coating on magnetic head to enhance the stability of head/disk interface[J]. Science in China. 2011, (44): 400-406.

[202] Meycr D. Zine-Eddine Bontaghou. Proximity recording - The conoept of self-adjusting fly heights[J]. IEEE. Trans. on Magnetics, 1997(1): 912-917.

[203] Albright B. CPFR's secret benefit[J]. Frontline Solutions, 2002, 3(11): 30-35.

[204] Alvarez G. The Four Horsemen of Collaboration. META Group, 2000.

[205] Industry Directions Inc. and Syncra Systems Inc. The Next Wave of Supply Chain Advantage: Collaborative Planning, Forecasting and Replenishment [EB/OL]. http://www.industrydirections.com/.

[206] MIC. [EB/OL]. http://mic.iii.org.tw/intelligence/aboutmic/people_b1.asp? pno=880115 13.

[207] Nolan W Jr. Game plan for a successful collaboration forecasting process [J]. The Journal of Business Forecasting. 2001: 2-6.

[208] PwC Consulting. Collaborative processes in e-supply networks[C]// Proceedings of the 16th International Marketing and Purchasing Group Conference, 2000.

[209] Sagar N. CPFR at Whirlpool Cooperation: two heads and an exception engine[J]. The Journal of Business Forecasting Methods & Systems, 2003: 22(4): 3-8.

[210] Milgrom P, Qian Y, Reborts J. Complementarities, momentum, and evolution of modern manufacturing[J]. American Economics Review 1991 (81): 84-88.

[211] Laabs J J. Successful outsourcing depends on critical factors[J]. Personal Journal, 1993(10): 51-60.

[212] The Outsourcing Institute. Sole sourcing can add value to outsourcing[EB/OL]. [2000-4-20]. http://www.outsourcing.com/articles/solesourcing/index.hlm.

[213] Uschold M, Gruninger M. Ontologies: Principles, methods and applications[J]. Knowledge Engineering Review, 1996,11(02): 93-136.

[214] Lal R, Staelin R. An approach for developing an optimal discount pricing policy[J]. Management Science, 1984, 30(12): 1524-1539.

[215] Leeders M R. Purchasing and supply management[M]. Eleventh Edition. McGraw Hill Education, 1998.

[216] Shy Oz. Technology revolutions in the presence of network externalities [J]. International Journal of Industrial Organization, 1996, 14: 785-800.

[217] Chio J P, Thum M. Marker structure and the timing of technology adoption with network externalities[J]. European Economic Review, 1998, 42: 225-244.

[218] Kim J-Y. Product compatibility as a signal of quality in a market with network externalities[J]. International Journal of Industrial Organization, 2002, 20: 949-964.

[219] Doraszelski U. Innovations, improvements, and the optimal adoption of new technologies [J]. Journal of Economic Dynamics & Control, 2004, 28: 1461 – 1480.

[220] Weidema B P, Wesns M S. Data quality management for life cycle inventories: an example of using data quality indicators [J]. Cleaner Prod, 1996, 4(3, 4): 167 – 174.

[221] Yano C, Gerchak Y. Transportation contracts and safety stocks for just-in-time deliveries [J]. Manufacturing Oper. Management, 1989, (20): 314 – 330.

[222] Tayur S, Ganeshan R. Quantitative models for supply chain management [M]. Boston(MA): Kluwer Press, 1999.

[223] Cetinkaya Lee C-Y. Stock replenishment and shipment scheduling for vendor-managed inventory system [J]. Management sci, 2000, 46(2): 217 –232.

[224] Axsater S. A note no stock replenishment and shipment scheduling for vendor-managed inventory system [J]. Management Sci, 2001, 47(9): 1306 – 1310.

[225] Frohlich M T, Westbrook R. Demand chain management in manufacturing and services: Web-based integration, drivers and performance[J]. Journal of Operations Management, 2002, 20(6), 729 – 745.

[226] Garavelli A C. Flexibility configurations for supply chain management[J]. International Journal of Production Economics, 2003, 85(2), 141 –153.

[227] Goldratt E M, Cox J. The goal[M]. New York: North River Press, 1984.

[228] Gummesson E. Qualitative methods in management research[M]. London, Sage Publications, 1991.

[229] Heikkila J. From supply to demand chain management: Efficiency and customer satisfaction[J]. Journal of Operations Management, 2002, 20(6): 747 – 767.

[230] Holmstro M J. Speed and efficiency — a statistical enquiry of manufacturing industries[J]. International Journal of Production Economics, 1995, 39(3): 185-191.

[231] Hopp W J, Spearman M L. Factory physics[M]. Chicago: Waveland Press, 1996.

[232] Monczka R M, Petersen K J, Handfield R B, et al. Success factors in strategic supplier alliances: The buying company perspective[J]. Decision Sciences, 1998: 29(3): 553-573.

[233] Schilling M. Toward a general modular systems theory and its application to interfirm product modularity[J]. The Academy of Management Review, 2000, 25(2): 312-334.

[234] Schonberger R J. Japanese manufacturing techniques: Nine hidden lessons in simplicity[M]. New York: The Free Press, 1982.

[235] Stalk Jr G, Hout T M. Competing against time: How time-based competition is reshaping global markets[M]. New York: Free Press, 1990.

[236] Suri R. Quick response manufacturing[M]. Portland, OR: Productivity Press, 1998.

[237] Tibben-Lembke R. Life after death: Reverse logistics and the product life cycle[J]. International Journal of Physical Distribution & Logistics Management, 2002, 32(3): 223-244.

[238] Williams T, Maull R, Ellis B. Demand chain management theory: Constraints and development from global aerospace supply webs[J]. Journal of Operations Management, 2002, 20(6), 691-706.

[239] Womack J, Jones D. Lean Thinking[M]. New York: Simon & Schuster, 1996.

[240] Womack J P, Jones D T, Roos D. The machine that changed the world[M]. New York: Simon and Schuster, 1990.

[241] Yin R K. Case study research — design and methods[M]. California: Sage Publications, 1994.

[242] Cohen M A, Malik S. Global supply chains: research and application [J]. Production and Operation Management, 1997, 6(3): 193-210.

[243] Benita M. Beamon. Supply chain design and analysis: Models and methods [J]. Int J Production Economics, 1998, 55: 281-294.

[244] Hadeler B J, et al. Supply strategy: Capturing the value [J]. Industrial Management, 1994(7/8): 3-4.

[245] Fisher M L. What is the right supply chain for your product? A simple framework can help you figure out the answer [J]. Harvard Business Review, 1997(3-4): 105-106.

[246] Rolstadas A, Andersen B. Enterprise modeling improving global industrial competitiveness [M]. Kulwer Academic Publishers, 2000.

[247] Yang J. Research on dynamic enterprise modeling for the networked manufacturing oriented agile enterprise [D]. Nanjing: NanJing Univ. of Science & Technology, China, 2002.

[248] Bernus P. Some thoughts on enterprise modeling [J]. Production Planning & Control, 2001, 12(2): 110-118.

[249] Esper T L, Williams Lisa R. The value of collaborative transportation management (CTM): Its relationship to CPFR and information technology [J]. Transportation Journal, 2003, 42(4): 55-65.

[250] Fliedner G. CPFR: An emerging supply chain tool [J]. Industrial Management & Data Systems, 2003, 103(1/2): 14-21.

[251] Foote P S, Malini K. Forecasting using data warehousing model: Wal-Mart's experience[J]. The Journal of Business Forecasting Methods & Systems, 2001, 20(3): 13-17.

[252] Matthew Gilley K. Making more by doing less: An analysis of outsourcing and its effects on firm performance[J]. Journal of Management, 2000, 26

(4): 763-790.

[253] David L, Michael A H. Strategic restructuring and outsourcing: The effect of mergers and acquisitions and LBOs on building firm skills and capabilities [J]. Journal of Management, 1995, 21(5): 835-859.

[254] John B, Nick I. Outsourcing decisions: evidence from Australia-based enterprises[J]. International Labour Review, 1996, 135.

[255] Judith M W, Robert F. Strategic Alliance Success Factors[J]. The Journal of Supply Chain Management, 2000, 36: 21.

[256] Lisa R W, Terry L E, John O. The electronic supply chain: Its impact on the current and future structure of strategic alliances, partnerships and logistics leadership[J]. International Journal of Physical Distribution & Logistics Management, 2002, 32(8): 703-719.

[257] Janet L H. Collaborative Value Analysis: Experiences from the Automotive Industry[J]. The Journal of Supply Chain Management, 2000, 36: 27.

[258] Trent R J, Monczka R M. Understanding integrated global sourcing[J]. International Journal of Physical Distribution & Logistics, 2003, 33(7): 607-629.

[259] Robert J T, Robert M M. Purchasing and supply management: Trends and changes throughout the 1990s[J]. International Journal of Purchasing and Materials Management, 1998 (Fall): 2-11.

[260] Whipple J M, Frankel R. Strategic alliance success factors[J]. Journal of Supply Chain Management, 2000, 36(2): 21-28.

[261] Christian B, Lars B. Rethinking outsourcing in manufacturing [J]. European Management Journal, 2004, 22(2): 211-223.

[262] Kador J. Contract manufacturing grows up [J]. Electronic Business Magazine, 2001, 27(9): 54-62.

[263] Royal W. Contract manufacturing: perils and profits [J]. Industry week, 1999.

[264] Mason S J, Cole M H, Ulrey B T, Li Yan. Improving electronics manufacturing supply chain agility through outsourcing[J]. International Journal of Physical Distribution & Logistics Management, 2002, 32(7): 610-620.

[265] Souza M D, Frank D N. Total supply chain management in contract manufacturing[C]//Conference Proceedings: Target Breakthrough Ideas, 1997, 26-29.

[266] Gaonkar R, Viswanadham N. Collaboration and information sharing in global contract manufacturing networks[J]. IEEE/ASME Transactions, 2001(12): 366-376.

[267] Anthony F B. Enhancing strategic partnerships: Intervening in network organizations[J]. Journal of Organizational Change Management, 1997, 10(3): 251-266.

[268] Rayport J F, Sviokla J J. Exploiting the virtual value chain[J]. The McKinsey Quarterly, 1996.

[269] Fu-Shiung Hsieh. An evolutionary approach for self-organization of contract manufacturing supply chains[C]//2001 IEEE International Conference, 2001(2): 1058-1063.

[270] Schwamberger B, Narayanan M. Contract manufacturing: solutions for the 21st century[C]//Southcon/96 Conference Record, 1996, 643-646.

[271] Conklin J M, Perdue B A. Extending capabilities through contract manufacturing[C]//Electro/94 International Conference Proceedings, 1994, 145-153.

[272] Normann R, Ramirez R. From Value Chain to Value Constellation: Designing Interactive Strategy[J]. Harvard Business Review, 1993, 71(4): 65-77.

[273] Marijn J, Henk G. Sol, Evaluating the role of intermediaries in the electronic value chain[J]. Internet Research, 2000, 10, (5): 406-417.

[274] Majumder P, Groenevelt H. Competition in remanufacturing[J]. Production and Operations Management, 2001, 10(2): 125 – 141.

[275] Wang Yonggui, Lo Hing-Po. Multi-level competition and the integrated hierarchical model of competitive advantages in turbulent environments: a resource-based view[J]. Foresight, 2002, 4(3): 38 – 50.

[276] Hans G, Tom J, William W L, et al. The secret to competitiveness — competition[J]. The McKinsey Quarterly, 1993(4): 29 – 44.

[277] Zhang Ding. A network economic model for supply chain versus supply chain competition[J]. Omega, 2006, 34(3): 283 – 295.

[278] Evans J R, Laskin R L. The relationship marketing process: a conceptualization and application[J]. Industrial Marketing Management, 1994, 23(5): 439 – 452.

[279] Willis T, Huston C. Vendor requirements and evaluation in a JIT environment[J]. International Journal of Operations and Production Management, 1990, (8): 41 – 50.

[280] Bruce M B. Supply chain management: new competitive realities in the automotive value chain[J]. International Journal of Automotive Technology and Management, 2006, 6(4): 387 – 405.

后 记

在同济校园里,看着即将完稿的文稿,无限感慨。硕士毕业近5年后有机会来到同济大学经济管理学院攻读管理科学与工程专业的博士学位,师从韩传峰教授;在跨国电子生产制造服务业的一线管理岗位上工作多年后,能有机会做有关我国电子生产制造服务业发展的系统研究课题,我感到十分有幸。回顾写作过程,从选题、理论、观点、思路、框架、文字与标点等,无不凝聚我的导师韩传峰教授的心血。在他对我的指导过程中,我感悟与领略到了导师的热情、耐心、严谨与规范,先生知识渊博、治学严谨、做学问一丝不苟的学者风范和严格的要求,使我学到了许多专业化知识的同时,更从他渊博的学识、敏捷科学的思维方式和严厉严谨的治学态度中受益匪浅。我感到非常幸运能够成为韩老师的学生,他的言传身教将是我一生的财富,使我终身受益。在此,我衷心地感谢我的导师韩传峰教授!

同济大学经济与管理学院叶明海教授、曲丹老师、马良河老师开题时提出了宝贵的意见,给我论文工作许多启示。

感谢同济大学的同门,刘慧敏博士、刘亮博士、王玉虎、王英、王忠礼和王增光等同学;感谢同济大学经济与管理学院的朋友韩迎春、刘万才博士、雷妮博士、陈伟博士、郑立明博士和秦智博士等。在同济大学期间,他们在学习和生活上给予了我诸多的帮助。

感谢我的单位旭电公司的培养,感谢公司领导们给我提供了一个宽松的环境,使得论文能够顺利完成。感谢苏州工业园区管委会的朋友们,他们给我的研究工作提供了大量的资料和数据,给予了诸多帮助。感谢我的朋友,Aaron Husock,在国外论文发表过程中得到了他很多帮助,使得论文得以顺利发表。

我把本书献给我的父亲杨宝森,我的母亲沈筱云,我的丈夫孔炯和女儿孔祥翀,他们一直默默地支持我,总在我最需要的时候鼓励着我。

最后,谨向在百忙之中评审本书的老师、专家和学者表示最真诚的感谢!

沈　昕